并购对价与融资方式决策研究丛书

U0674874

管理者过度自信与企业并购行为研究

Research on Managerial Overconfidence and M&As

杨 超 著

东北财经大学出版社

Dongbei University of Finance & Economics Press

大连

图书在版编目（CIP）数据

管理者过度自信与企业并购行为研究 / 杨超著. —大连：
东北财经大学出版社，2017.7
（并购对价与融资方式决策研究丛书）
ISBN 978-7-5654-2777-0

Ⅰ. 管… Ⅱ. 杨… Ⅲ. 企业兼并–研究 Ⅳ. F271.4

中国版本图书馆CIP数据核字（2017）第116123号

东北财经大学出版社出版

（大连市黑石礁尖山街217号　邮政编码　116025）

网　　址：http://www.dufep.cn

读者信箱：dufep@dufe.edu.cn

大连图腾彩色印刷有限公司印刷　　东北财经大学出版社发行

幅面尺寸：170mm×240mm　字数：171千字　印张：11.75　插页：1

2017年7月第1版　　　　　　　　2017年7月第1次印刷

责任编辑：李智慧　曲以欢　　　　　　责任校对：那　欣

封面设计：张智波　　　　　　　　　　版式设计：钟福建

定价：40.00元

教学支持　售后服务　　联系电话：（0411）84710309

版权所有　侵权必究　　举报电话：（0411）84710523

如有印装质量问题，请联系营销部：（0411）84710711

本书系国家自然科学基金项目（71172120）的重要成果之一，感谢国家自然科学基金委员会的资助！

人们并非是控制思维的超人，实际上，我们会犯错，并且可能会一直犯同样的错误，即我们的行为与非理性行为偏差有关，在生活和工作中，我们可能会认为直觉和偏好可靠，并通常认为这种自信是正当合理的。我们经常在自己出现失误的时候还信心满满，并且往往在人生最辉煌的时候，我们很难对自己的信念和需求产生怀疑，即越是在最需要质疑自己的时候越难以做到。Kahneman、Slovic 和 Tversky 在其著的《不确定下的判断：启发式与偏差》一书中对人的决策过程进行了描述："当面对未来的不确定性事件时，人们的判断和决策往往受到心理因素的影响而产生认知偏差。"对于企业管理者而言，在进行企业的经营决策时，尤其是在企业并购决策的过程中，需要处理复杂的决策环境以及评估大量的不确定因素的概率和不确定数量的价值，此时，具有"英雄主义"色彩、其魅力表现包含"自信"的管理者会倾向于在决策中表现出过度自信的自我认知偏差。这种认知偏差会使管理者将企业的成功归因于自己的能力与学识，而忽略机遇和外部力量的作用，往往将失败归咎于外部因素。由于认知偏差导致其过度自信从而做出不当的管理与财务决策，管理者的非理性行为导致的这种次优决策是无法像代理问题那样可以通过设计激励机制而消除的。

近 20 年来，在全世界范围内的不同行

业中，并购行为在持续而频繁地进行着，而对于并购能否产生协同效应、是否为收购公司的股东创造价值这些问题，学者们大量的研究结果表明，大多数的并购活动并未使收购公司的股东财富增加，甚至是损害了收购公司股东的价值。既然大多数并购活动是失败的，为何并购行为却大量、频繁地发生？学者们从管理者选择并购的动机进行研究。目前关于管理者选择并购动机的研究主要有三个方面：第一种动机是并购活动能够创造1+1>2的协同效应，使并购后的公司所创造的价值超过之前收购公司与目标公司各自创造的价值之和。第二种动机的产生是由于控制权与所有权的两权分离，代理人与委托人之间产生的代理冲突。代理人可能出于一己之私的理性考虑，为了追求个人的利益最大化而以牺牲公司股东的利益为代价。第三种动机是收购公司管理者的过度自信。学者们认为由于收购公司管理者的"自以为是"，他们常常会高估自己的管理与经营能力，高估并购所产生的协同效应，低估并购活动本身所存在的风险，从而对并购项目做出错误的估值，导致损害收购公司股东的价值。

2

本书在行为财务学理论的基本框架下，通过理论分析，以中国上市公司为研究对象，结合我国特殊的制度环境，用统一的过度自信衡量指标，将影响管理者过度自信程度的因素分别置于并购发生的选择、并购特征以及所引起的并购经济后果中进行实证检验，并试图理清管理者过度自信是如何影响并购行为以及并购所产生的经济后果。本书在以下三方面做出了创新性的探索：

第一，既有的关于并购决策的研究中，或只对管理者是否选择并购进行分析，将仅发生一次的并购与频繁发起并购的管理者的行为趋同，因此，为了能够充分体现频繁发起并购活动的管理者的行为的差异性，避免低估管理者过度自信并购的动因，本书在是否选择并购的基础上，对高频并购的发生也进行了一定程度的探索。

第二，深入地对并购价值创造产生影响的并购特征（包括对价方式、并购溢价）进行研究。由于任何的并购交易都离不开支付，收购公司只有通过对价方式才能完成目标公司控制权的转移；同时，对于目标公司而言，只有当并购价值大于其内在价值与需要的溢价程度时才愿意出让控制权，而由于信息不对称，收购公司管理者可能会由于高估并购所产生的收益、低估潜在的风险而支付过高溢价。基于以上原因，本书在研究的设计中，特将并购特征的对价方式与并购溢价分别与管理者过度自信进行了分析，更深入地了解过度自信管理者对并购特征的影响。

第三，本书结合我国特殊的制度环境，将影响管理者过度自信程度的因素分别置于并购发生的选择、并购特征以及并购绩效中进行实证检验，并试图理清管理者过度自信是如何影响并购的选择、并购的特征以及并购产生的经济后果。

本书为经济学分析现实世界的资本市场提供了一种全新的视角和进行实证检验的基本框架，旨在使人们意识到自己的非理性行为。明确在企业并购的行为中，何时人们的决策会出错，为何有时目标难以达成，为何有时良好的初衷会导致不如愿的结果，以此反思中国企业的管理者如何改善其在公司决策中的非理性行为偏差——过度自信，从而提升发现和理解非理性行为的能力，进行正确判断，从而有效地干预行为偏差，减少错误的判断和决策并降低其经常造成的损失。中国企业的管理之路需要经过更长时间的探索，期望本书的研究角度与研究方法能够成为一个良好的借鉴范本，使人们学会从行为经济学的角度看待公司决策问题，使中国企业的管理者从他人的经验中受到启迪。

刘淑莲

2017 年 1 月

前言

最近，我在网上书店搜索与"并购"相关的书籍，在几秒钟内找到了超过1 350部参考书，实际上，市面上有更多关于并购的书籍，而我编写本书的初衷是因为这些书籍中较少有从公司管理者的非理性行为特征角度对公司的并购行为问题进行探讨，既往图书多从传统经济学的理性"经济人"的代理理论出发，对并购项目的发生进行研究。

一般而言，作为企业的管理者，或者说高层经理人，甚至是领导者，需要具有鲜明而突出的个人能力，换言之，管理者需要将自身的智慧、知识、技能、经验和优良的工作行为带入公司的日常经营管理活动中。因此，管理者的性格特征能够决定企业的资源配置，能够有效地影响企业的经营管理，从而使企业打上具有和决策者一样性格特征的烙印。企业如何从管理者的个人领导风格与智慧上去选择适合的发展策略则是企业制胜与永续经营的关键。

在被躁动的市场气氛、不可阻挡的冲动以及极端的、未知的、不可能的事件主宰着的并购活动中，如果管理者性情乐观，那么他会倾向于夸大自己对并购事件的预测能力，管理者往往会认为自己是赌博转盘中的幸运儿，会对自己的判断过度自信，高估自己成功的概率，因此他们通常会对并购中的风险估计产生偏差，即使他们的并购决策并不谨慎，但过度自信的管理者会认为自己是谨慎的，他们会保持着这种过度自信的积极乐观的心态，广泛搜集与并购相关的信息，鼓舞下属的士气，进而增加并购为企业创造价值的机会。然而，过度自信这种非理性行为却是一把双刃剑，过度自信会使管理者们在并购决策中受益，但同时也会伴随着潜在的高风险。因为，过度自信的管理者也会倾向于在并购中做出次优决策，或是做出的决策导致收购公司价值受到损害，最终产生昂贵的决策成本，而由于管理者的非理性行为导致的这种次优决策是无法像代理问题那样可以通过设计激励机制而消除的。因此，我们不禁疑虑：在实际的商业社会中，有着良好初衷的管理者是否能为公司的并购带来完美的结局？我国在过去的10多个年头中，上市公司的管理者沉浸在并购的热情中，但最终并购为收购公司带来了多少收获？基于上述分析，本书对我国2004—2012年上市公司的并购事件进行研究，期望能够通过分析管理者的认知偏差——过度自信对并购行为的影响，深入理解管理者并购行为的动机，进而分析过度自信管理者发起的并购活动所产生的经济后果。

2

　　本书共分为八章。第1章，主要交代本书的选题背景及研究意义、研究目标和内容、技术路线和研究方法以及创新之处。第2章，通过对已有的基于传统理性假设的企业并购行为的文献回顾，提出管理者非理性能帮助解释并购的"异象"以及所忽略的"人"的因素，从而提出基于管理者非理性假设的企业并购行为。第3章，立足于我国上市公司特有的制度背景以及我国上市公司管理者的行为特征，对上市公司并购的交易特征等进行分析，从而剖析我国上市公司并购行为的主要特征。第4章，深入研究企业的并购决策、企业的交易特征以及并购后公司绩效，以明确管理者过度自信如何对公司并购行为产生影响以及其影响程度，为后续的实证研究打下理论基础。第5章，探究管理者过度自信是否能够驱动公司并购行为的发生以及对并购频率的影响。第6章，主要从管理者过度自信对并购特征影响的角度（并购的对价方式与并购溢价程度）来分别研究管理者过度自信与其相关性，从而更好地理解管理者过度自信对并购特征的影响。第7章，通过对管理者过度自信与并购绩效的探讨，更好地认识市场对过度自信管理者施行的并购的反应。第8章，根据理论分析和实证检验的结果总结归纳本书的主要研究结论。

前　言

本书通过实证研究的结论，结合我国的现实情况，从公司层面提出建议，希望能够有助于探索人们的过度自信心理产生的缘由，从而帮助管理者在进行决策时有意识地控制非理性冲动所带来的负面效应，改善决策质量，做出更优决策，从而帮助公司更好地经营管理，实现公司价值的增加。

希望将本人对该研究的热爱通过本书的实证分析以飨读者。

作者

2017年2月

目 录

第 1 章

绪 论

1.1 选题背景及研究意义

1.1.1 选题背景

企业在发展过程中遭遇瓶颈的重要原因之一是创新能力的匮乏，而并购是企业对技术、市场、人才以及其他资源整合的创新过程，使企业能够获取新的市场竞争力，迅速开拓经营领域。因此并购是企业发展壮大的必然途径，也是企业适应经济发展的自我调整。著名的经济学家、诺贝尔经济学奖获得者 Stigler 曾说，世界上著名的大企业没有哪家不是在某种程度上以某种方式，通过并购等资本运营手段而发展起来的，同时也没有哪家是完全通过内部积累发展起来的。

自 2001 年中国加入 WTO 以来，中国上市企业并购市场的平均交易规模由 2004 年的 1.558 亿美元增至 2012 年的 2.764 亿美元，累计增幅达 77.41%。根据清科研究中心 2011 年度的数据显示，仅 2011 年中国并购市场上发生的交易次数多达 1 157 次，并购交易总额达到 669.18 亿美元。在这 11 年间中国企业沉浸在并购的热潮中。

并购的初衷是通过收购目标公司，使收购公司获得并购后的协同效应，为企业创造价值，然而，实际商业社会中的并购活动是否使企业获得了预期的协同效应？收购公司是否成为并购的赢家？

美国《商业周刊》关于并购的经济后果的研究发现，发生并购的企业中75%是完全失败的。麦肯锡咨询公司曾以1986年的财务资料为分析依据，对1972—1983年期间《财富》500强和《金融时报》250强企业进行的116项收购案例进行统计分析，结果显示：23%的企业通过并购创造了价值，61%的企业以失败告终，16%的企业成败未定；并且企业收购的规模越大，成功的概率反而越小。Agrawal（2000）的研究提出"并购后绩效之谜"，随后，我国诸位学者也提出中国上市公司同样存在"收购公司股东绩效之谜"（张新，2003；郝颖、刘星和林朝南，2005；巫和懋、张晓明，2009等），也就是说，公司的并购活动并没有为收购公司股东创造短期财富抑或提升长期绩效，并购行为的大多收益归于目标公司股东，而收购方股东的收益为零或是负值（Tichy，2001；张新，2003；李善民、朱滔，2005；吴超鹏、吴世农和郑方镳，2008；李善民、陈文婷，2010；谢玲红、刘善存和邱菀华，2012；翟爱梅、张晓娇，2012；叶玲、王亚星，2013）。那么，作为企业并购的参与和决策者，管理者为什么还要成为并购的拥趸？管理者们实施并购战略的动机是什么？并购的发生又会为企业带来怎样的结局呢？

学者们一直在探索着企业并购行为的动因，由于观察视角的不同，其中也衍生出具有创新性的不同理论解释。学者们主要基于两种不同的视角进行分析，即理性"经济人"的道德风险行为与非理性人的过度自信认知偏差。

并购行为可看作是由于经营权与所有权的两权分离所产生的管理者与股东间的一种代理问题，管理者可能为了一己私利而去进行会损害公司股东价值的并购项目。Jensen（1986）提出自由现金流理论，他认为并购源于股东与管理者之间的自由现金流量代理成本，管理者存在构建企业帝国的动机。Harford（1999）认为现金持有量较大的公司更容易投资低效率的甚至可能会减损收购公司股东价值的并购项目。Shleifer 和 Vishny（1989）提出的堑壕理论认为，管理者选择的并购项目可能只是为了稳固自己的职位，因而仅投资于那些适合自身能力而非为公司创造价值的并购项目,并且在并购过程中会倾向支付过高的并购溢价从而造成公司股东价值减损。

理性"经济人"的理论分析了管理者选择并购的动因以及并购导致收购公司股东财富遭受减损的经济后果,但是对于经济社会中所存在的大多数的心怀为股东创造最大化价值的良好初衷、怀揣发展壮大公司美好梦想的管理者所发起的并购最终却会损害收购公司股东财富的缘由仍然无法给予解答。近年来,行为经济学家从管理者的认知偏差-过度自信的全新角度为以上困惑进行了较为完善的诠释。Roll(1986)首次运用行为经济学的"自大假说",用管理者的非理性行为来解释失败的并购的发生动因,并将并购的"接管竞赛"与"赢者诅咒"相联系来进行研究。随后,Hayward 和 Hambrick(1997)实证检验表明,管理者的过度自信确实导致收购公司在并购支付过程中的过高溢价,并且股东财富所受到的损失与管理者过度自信水平正相关。Shefrin(2006)指出,即使市场对并购的反应消极,过度自信和过度乐观的管理者仍会继续发起并购事件。Malmendier 和 Tate(2008)认为,管理者的过度自信确实会影响企业的并购行为,他们过高地估计自身能力而导致在并购中支付了较高的溢价,由此导致公司价值的巨大减损。Malmendier 和 Tate(2011)的研究中同样提出,由于过度自信认知偏差的存在,管理者会过高估计其所做出的投资决策在未来所产生的平均收益水平。全球的并购活动如火如荼地进行着,管理者乐此不疲地加入一波又一波的并购浪潮中,他们怀着良好地初衷,在躁动的市场气氛、不可阻挡的冲动以及恶意竞价的刺激下走上并购这条实现成长但是需要承担高成本与高风险之路,管理者善意的初衷是否会给公司的并购带来完美的结局?在我国过去的10多个年头中,上市公司的管理者沉浸在并购的热情中,但最终并购为收购公司带来了多少收获?正如钱颖一(2010)所言,过去的十年是中国企业发展的黄金10年,更是中国企业家成熟的10年,但是我们也遇到了前所未有的诸多困惑,此时,从历史中学习是一个重要的方法。本书基于我国2004—2012年上市公司的并购事件进行研究,以期望能够通过对管理者的过度自信认知偏差对并购行为影响的研究深入理解管理者并购行为的动机,进而分析过度自信管理者发起的并购活动所产生的经济后果:(1)本书在既往学者的研究基础上,结合中国商业经济现实，用统一的管理者过度自信衡量指标对管理者的并购决策与"频繁并购"的偏好进行区分研究，并基于心理学、行为财务学原理以及中国上市公司并购市场的现实情况，构建相对合理的管理者过度自信衡量指标。本书在对过度自信管理者是否选择并购的研究基础上，用统一的过度自信衡量指标对其进行的"频繁并购"行为进行探讨，以此充分体现频繁发起并购活动的管理者并购行为的特异性。运用相对合理的管理者过度自信衡量指标对高频并购的发生进行一定程度的探索，深入了解管理者过度自信对并购行为的影响程度。本书的研究发现，使用的过度自信衡量指标对过度自信管理者的频繁并购行为的解释具有一定程度的合理性和可行性。因而，本书从频繁发起并购的角度对过度自信管理者并购的动因提供了有益的补充与参考。（2）本书借鉴 Moeller 等（2004）的研究观点，同时对可能影响并购价值创造的并购特征（并购对价方式、并购溢价），从管理者过度自信的认知偏差角度进行分析。由于任何的并购交易都离不开支付，收购公司只有通过对价方式才能完成目标公司控制权的转移；同时，对于目标公司而言，只有当并购价值大于其内在价值与需要的溢价程度时才愿意出让控制权，而由于信息不对称，收购公司管理者可能会由于高估并购所产生的收益、低估潜在的风险而支付过高溢价。基于以上原因，本书在中国上市公司的并购行为框架下，剖析可能存在过度自信的管理者对并购的对价方式、企业资本的利用效率、并购支付的溢价程度等的决策选择，为行为财务学理论研究框架的构建做出了有益的尝试，拓展并购行为的研究路径，为将来的行为财务学研究提供可借鉴的清晰思路。（3）本书验证了行为财务学理论，从管理者过度自信的角度，对处于新兴与转轨资本市场中的中国上市公司的并购行为提供有益的研究证据。本书结合我国特殊的制度环境，用统一的过度自信衡量指标，将影响管理者过度自信程度的因素分别置于并购发生的选择、并购特征以及所引起并购绩效中进行实证检验，并试图理清管理者过度自信是如何影响并购行为以及并购所产生的经济后果。本书丰富了行为财务学的研究内容，同时也为经济转轨时期的中国上市公司的财务决策提供了新的研究思路与分析方法。

1.1.2　研究意义

"水能载舟，亦能覆舟"，并购亦如此。如何使管理者善用并购为企业创造价值，即帮助管理者在其实施的并购活动中实现预先设想的协同效应是值得我们深思与研究的问题。本研究以过度自信的管理者对上市公司并购活动的影响为切入点，通过构建影响管理者过度自信水平的个人特质、外因环境等因素与公司并购行为间关系的模型，深入地剖析与更好地理解管理者的过度自信对公司并购行为的影响。本书具有如下研究意义：

1）理论意义

（1）本书借鉴公司行为财务学的研究模式，从管理者非理性的视角，通过理论研究与实证检验探寻了管理者过度自信与公司并购行为选择、并购特征间的关系，并同时分析其对并购经济后果的影响，运用更贴近经济现实的理论假设，采用计量经济学和统计学等学科的研究方法，对以上的研究内容进行综合分析，从而增强研究结论的可靠性。从行为经济学的角度试对传统的并购理论难以解释的"异象"进行分析，从而丰富了公司财务理论的研究内容。

（2）本书通过对管理者过度自信与公司并购行为的研究，将研究的切入点从传统的管理者"理性人"假设拓展到更符合经济现实的"非理性人"所存在的过度自信认知偏差，这种分析角度既符合公司财务学的发展需要，也能够为公司的行为财务理论研究提供新的经验证据；为中国上市公司的并购行为研究提供不同的研究思路；为管理者非理性行为中的其他行为方式（如自我归因、锚定效应、禀赋效应等）的研究奠定理论与经验基础；为我国上市公司的其他非理性投资行为（如多元化投资、恶性增资、投资不足等）、公司资本结构选择以及公司治理效率等相关研究提供理论依据。

（3）行为财务学的研究源于西方的学术界，既有大量的研究成果几乎都是针对相对成熟的西方资本市场中所存在的各种异象进行分析而来的，那么西方学者得出的这些理论是否对中国资本市场的经济行为具有解释力？我国的资本市场中由于大部分的上市公司是由国有企业改制而来的，

5

因此仍然存在着公司治理结构不完善、国有产权所有者的缺位、对管理者难以监管等异于西方成熟资本市场的独特问题。然而由于管理者对于公司的经营管理和财务决策具有直接控制权，其个人性格及其所处的外部环境无疑会对公司的并购交易的实施产生重要的影响，由于过度自信的非理性行为，管理者可能会施行诸多非理性的并购行为，例如，偏好选择并购项目、高频率并购、资本使用效率低下、并购溢价水平较高等，从而影响了上市公司的绩效和创造价值的能力。本书将研究的关注点从管理者的理性行为转向非理性行为，尤其是对过度自信这一常见的认知偏差进行研究，从而有助于解释经典理论中所存在的"异象"。

2）实践意义

本书通过对管理者过度自信与上市公司的并购行为间关系进行实证检验与分析研究，为帮助上市公司优化自身并购行为，降低资本成本，提高资本利用效率提供一定的可借鉴依据，从而使上市公司能够减少非效率投资，提高投资行为的绩效、促进公司价值增长，为公司创造成长空间。

（1）由于管理者的过度自信程度会对公司决策的质量产生重要的影响，因此对于可能存在过度自信倾向的管理者会做出认知偏差的非理性决策，即导致管理者在决策时出现判断概率偏离校准，无法做出对公司最优的决策。因此，研究管理者过度自信将有助于探索人们的过度自信心理产生的缘由，从而能够帮助管理者在进行决策时有意识地控制非理性冲动，有效地降低产生错误判断的概率，改善决策质量，做出最优决策。

（2）在现代市场经济条件下，上市公司竞相地使自己从生产型企业发展为集团公司，再成为跨国集团公司，乃至全球性的行业巨头，在这个过程中，企业的规模呈现迅猛的无限扩大的发展趋势，同时企业的所有权和经营权的分离也已成为一种常态，加之企业股权的高度分散，结果是企业股东的所有权被大大弱化的同时，越来越强化管理者的经营权，故使得管理者对企业活动可以施加更大的影响力，管理者自身的个体特征在企业的管理、经营、决策中的作用被显著放大，管理者的认知偏差通过决策投射到其所决定的非理性并购行为中，因此，希望通过本书的研究，理清公司非效率投资的原因，重新思考理性人假设下的管理者激励与监督机制，缓解管理者、股东与债权人之间的利益冲突，逐步修正管理者的行为偏差，从而为促使代理人的决策出于更加理性考虑、降低道德风险提供较重要的现实意义。

1.2 ———————— 相关概念的界定 ————————

1.2.1 并购行为

1）并购

在市场优胜劣汰的竞争机制下，企业为了扩大生产规模、迅速发展壮大，或为了更便捷地获取新领域的竞争力，会设法获得经营困难企业闲置生产要素的控制权，而获得目标公司控制权的最有效途径就是合并、兼并、收购等。

（1）合并（combination）：是指两家或两家以上的公司依契约及法令归并为一个公司的行为。公司合并包括吸收合并和创新合并两种形式：吸收合并是指在有两家或两家以上的公司参与的并购中，其中的一家公司吸收了其他公司而成为存续公司的合并形式；创新合并是指两家或两家以上的公司通过合并创建了一个新的公司。

（2）兼并（merger）：是指一个公司采取各种形式有偿接受其他公司的产权，使被兼并公司丧失法人资格或改变法人实体的经济活动。

（3）收购（acquisition）是指一家公司（收购方）通过现金、股票等方式购买另一家公司（被收购公司或目标公司）部分或全部股票或资产，从而获得对该公司的控制权的经济活动。

与收购相近的两个概念是接管和要约收购：

（1）接管（take over）：通常是指一家公司由一个股东集团控制转为由另一个股东集团控制的情形。接管可通过要约收购、委托投票权①得以实现，因此接管的含义比收购的含义范围更大。

————————————

① 即一个股东集团欲通过投票选举新的董事会而在董事会中获得大多数席位，从而达到控制企业的目的。

7

（2）要约收购（tender off）或标购：是指一家公司直接向目标公司股东发出购买他们手中持有的该公司股份的要约，以达到控制该公司这一目的的行为。

公司兼并和收购，在本质上都是公司所有权和产权的有偿转让；在经营理念上都是通过外部扩张型战略谋求自身的发展；其目的都是加强公司竞争能力，扩充经济实力，形成规模经济，实现资产一体化和经营一体化。因此通常将公司兼并和收购统称为并购（Merger and Acquisition, M&A）。本书所研究的并购事件则未对二者加以区分。

2）并购频率

维基百科对频率的定义是单位时间内某事件重复发生的次数。根据事件重复发生次数的多寡，频率可分为高频率、中频率与低频率。对于并购事件的发生频率，学者们在研究时通常会提出"连续并购"（Schipper 和 Thompson，1983；Bliss 和 Rosen，2001；Grinstein 和 Hribar，2004）或是"频繁并购"（Doukas 和 Petmezas，2007；Malmendier 和 Tate，2008；Aktas 等，2009）来说明管理者对并购行为的偏好程度。《现代汉语词典》对"连续"的释义是表示同一动作或情况不断发生；"频繁"解释为次数多。因此，就并购发生频率而言，频繁并购的发生频率最高，前后两次并购发生的平均时间间隔最短；连续并购的发生频率则较低，前后两次并购事件的间隔时间较长。国外学者对上市公司的并购频率的界定存在多种看法：Fuller 等（2002）将 3 年内发生 5 起以上并购事件的公司称为频繁并购公司，他们在对 1990—2000 年美国发生的并购事件进行研究时发现，频繁并购的上市公司高达 539 家；Doukas 和 Petmezas（2007）采用同样标准发现高达 30%的样本属于频繁并购。对于连续并购，Schipper 和 Thompson（1983）的界定为在一定时期内（通常 3～5 年）并购交易次数达到一定要求（3～5 次），称为连续并购；另一种连续并购对考察期限、并购次数以及交易规模等方面未做出限制，只要在一个相对较长的时间窗内，并购次数超过一次的交易均属于连续并购。

中国的并购市场虽然发展时间不长，但是自从 2001 年加入 WTO，在吸引外资的同时鼓励本土企业"走出去"，以及国家有关并购交易的法规制度的颁布，大大激发了我国上市公司的并购热情，近几年来，并购交易数量呈现逐年快速递增态势，其中上市公司的连续并购与频繁并购数量与日俱增。本书在对2004—2012年我国上市公司并购交易频率进行研究时发现，在本书的时间窗期间，共发生5 447次并购交易，其中每年发生2次以上的频繁并购交易的次数是2 333次，约占总交易数量的43%，因此本研究将以并购频率为每年发生2次以上并购交易的收购公司为研究样本，将其定义为高频率（High Frequency）并购。

3）并购对价

任何一项并购交易的完成都离不开对价，并购的对价方式是指完成目标公司控制权转移的支付手段，如现金对价、股票对价或混合对价（如现金+股票、现金+证券等）等（刘淑莲，2011）。在信息对称的理想经济状态下，对价方式对并购交易的影响可能不大，但在目前商业社会的经济状态下，对价方式的选择会对并购的结果，包括股东价值、公司财务状况等产生巨大影响。

（1）现金对价。

现金对价方式是一种单纯的并购行为，是指收购公司通过向目标公司支付一定数额的现金，以取得目标公司控制权的方式，在收购公司支付一定数额的现金后，即取得目标公司的所有权；而一般目标公司的股东得到了对其所拥有股份的现金支付，即丧失了相应的权利（被选举权或所有权）。一般而言，凡不涉及发行新股票的并购都可以看作是现金对价方式的并购。以现金对价完成并购是一种直接、简单、迅速的支付方式，目标公司股东即时得利，不必承担任何证券风险，且不会使收购公司的股权被稀释；但现金对价并购使收购方承受巨大现金负担，收购公司股东将独自承担并购后潜在的风险与损失，而目标公司股东则丧失了成为新公司股东的权益和税收上的优惠政策。由于现金具有较强的流动性，因而被收购方，特别是对那些因举债过多而被迫出售的公司来说，可获取即时现金，无疑是比较受欢迎的支付方式。在现金对价方式下，如果并购后产生的净现值大于零，则该项并购交易是可行的。现金对价方式是我国企业并购的主要支付方式。

（2）股票对价。

股票对价方式是指收购公司发行新股换取目标公司的资产或股权，

从而达到控权收购目的的一种对价方式。股票对价使收购方无须动用大量现金，且目标公司股东的权益得以保留，并且可以延期纳税；但股票对价会使目标公司股东的收益不确定（因股价的波动性），并且会导致收购方股权的变化和控制权的稀释，且交易程序较复杂，并购成本不易准确预期。

在吸收合并方式下，收购公司通过向目标公司股东增发本公司股票，以换取目标公司股东合并前持有的该公司股票，目标公司宣告终止，进而实现对目标公司的合并。在新设合并方式下，新设公司通过向拟解散公司股东发行新设立公司的股票，以换取拟解散公司股东合并前持有的各自公司股票，拟解散公司宣告终止，进而实现新设合并。在换股合并过程中，股票如何交换、交换比例如何确定是合并双方能否并购成功的关键。

（3）混合对价。

在并购活动中只采用一种对价方式较为少见，更多的是采用混合对价方式。混合对价是指采用如现金+股票、现金+证券等综合对价方式向目标公司股东支付并购价款的一种支付并购对价方式。此种方式将多种支付工具组合在一起使用，如果能根据实际情况适当搭配使用，不仅可以避免支出更多的现金而造成财务状况恶化，而且可以有效防止收购方原有股东股权被稀释而造成的控制权的转移。

采用不同的对价方式会向市场传递不同的信号，从而引起收购公司股票价格的变化。并购中使用现金对价方式表明收购公司现有资产可以产生较大的现金流量，收购方有能力充分利用目标公司所拥有的或由并购所形成的投资机会。因此，现金对价会向市场传递有关收购公司的利好消息。但当收购公司采用股票对价时，市场则认为收购公司的股票被高估，反而引起收购公司股票价格的下跌。

虽然不同的对价方式对并购双方的影响不同，但是决定并购与否的关键因素是并购活动是否创造了价值，只要有一方认为不能增加其财富，就不能达成并购协议。对目标公司来说，当并购价格大于其独立经营时的内在价值和所需要的溢价时，才愿意出让该公司。对收购方而言，当并购后创造的价值能够增加普通股每股收益或公司价值时，才愿意进行这种并购活动。

4）并购溢价

并购溢价是指收购公司为目标公司支付的交易价格与目标公司本身内在价值（并购公告前的目标公司的市场价值）之间差额的百分比。迄今，学者们的研究表明，并购中支付溢价是很普遍的，并且并购溢价水平有很大的波动空间（Haunschild，1993）。国内外学者们的研究文献显示，收购方之所以愿意支付程度不同的并购溢价的原因是由于收购方看重的是并购后所产生的协同效应。对于目标公司而言，只有当收购价格高于其内在价值与所需要的溢价时，目标公司才愿意出让。换言之，并购溢价是为了将来获得协同效应而提前付出的代价。并购溢价是由于企业为了获取壳资源或企业管理者为获取一己之利等原因而支付的高于目标企业内在价值的溢价。因此，我们可以认为，并购溢价的存在具有合理性，但是该合理性的前提是收购方会因此而产生协同效应，也就是股东财富会增值。然而，商业社会实际发生的并购却往往表明，并非所有的并购活动均能够获得协同效应，也就是说溢价的合理性是有一定条件的。

并购溢价的主要计算公式为：并购溢价＝（每股收购价格－每股市值）÷每股市值，这种计算方法是由西方学者（Barclay 和 Holdness，1991；Haunschild 和 Miner，1997；Kim 等，2011）在对拥有较为完善商业环境的西方资本市场并购交易进行研究时所采用的度量方法。对于我国的资本市场，由于存在诸多因素，如"壳资源"的稀缺、政府（尤其地方政府）对公司所进行的并购行为的政治干预、投资者非理性的"羊群效应"等，都会导致基于股票价格计算并购溢价的市场度量方法失效。由于我国上市公司的并购行为通常是以协议转让方式进行的，而且在协议转让时收购公司主要是以目标公司的净资产作为交易双方定价谈判的标准，因此，根据我国资本市场的特殊情况，本书借鉴国内学者（唐宗明和蒋位，2002）的测量方法，采用目标公司的净资产作为并购溢价的度量指标，采用的并购溢价的计算公式为：

并购溢价＝（并购交易总价－目标公司的净资产）÷目标公司的净资产

收购公司的过度自信的管理者会高估自身的能力，过高预期并购后产生的协同效用，低估潜在的风险和不确定性，因此倾向于频繁地以高于市

11

场预期的价格发起并购，导致收购公司的价值减损（Roll，1986），从而使收购公司的财富向目标公司转移。因此，从长期来看，并购中的高溢价使收购公司的长期财富收益受损。除了管理者自身高估并购的未来预期，当并购活动出现众多竞标者时，过度自信的管理者往往会在拍卖市场中不断提高竞拍价，最终导致并购竞价中的过度支付。

1.2.2　管理者及其过度自信

1）管理者

所谓管理者是指通过对组织资源的使用来实现组织目标的人。在企业里，管理者根据其所处等级，分为高层、中层、基层管理者。所谓的高层管理者是承担着制定组织决策，为整个组织制订计划和目标责任的人，包括董事会成员、经理团队。实际上，公司高层管理者对公司的财务决策的影响至关重要，特别是在新兴市场国家中，如我国在市场机制尚未完善的环境中，公司最重要的高层管理者（CEO，首席执行官）对公司的决策影响尤为显著。因此本书所指的管理者主要是指CEO[①]。

"人有性格，企业也有性格"，很多学者提出这样的观点，它所隐含的意思是，管理者的性格特征能够决定企业的资源配置，能够有效地影响到企业的经营管理，从而使企业打上具有和决策者一样的性格特征的烙印。企业如何在企业家的个人领导风格与智慧下去选择适合的发展策略则是企业制胜与永续经营的关键。一般而言，作为企业的管理者，或者说高层经理人，甚至是领导者，需要具有鲜明而突出的个人能力，换言之，管理者需要将自身的智慧、知识、技能、经验和优良的工作行为带入公司的日常经营管理活动中。当企业目标和个人目标发生冲突时，则需要经理人能够在权衡小我与企业利益的基础上秉承乐于奉献的团队精神；作为企业的管理者，需要能够高效地组织企业的资源，带着企业有效地完成目标；作为强有力的企业管理者，应该全身心投入，执着地去追求与实现企业更高的目标。在这一过程中，企业资源的投资程度以

---

① 本书借鉴 Kato 和 Long（2006）、杨继东和刘诚（2013）的研究结果，认为如果从决策制定的角度考虑，董事长对公司决策的影响更大，因而，直接将董事长作为公司管理层的最高决策者（CEO）来进行处理，考察管理者过度自信对公司并购决策的影响。

及人力资源的合作水平都受管理者所独具的人格魅力与才能的影响。比如，对于酷爱梦想的戴尔，他将自己的梦想融入公司的经营中，从而使戴尔公司成为全球最具梦想的电脑公司；本田汽车的创始人本田，在创业的过程中，其勇于挑战传统、敢于创新、充满活力的个人性格无不在本田汽车的企业经营与管理中得到充分体现；苹果的创始人乔布斯，虽然其性格略显露孤僻，脾气暴躁，但是他充满创新的意识，因此苹果公司能够在其带领下不断地推陈出新，成为世界上最具创新力的公司之一。

2）过度自信

迄今的研究均未能给过度自信予准确定义。《现代汉语词典》中自信的释义为相信自己；相信的释义是认为正确或确实而不产生怀疑。因此，自信可定义为：行为主体认可自己的能力或认为自己掌握的信息正确或确实而不产生怀疑。参考自信的定义，自信程度可定义为：行为主体对自己的能力或自己掌握信息的准确性而持有的相信态度。

主流学者们的研究成果认为，自信包括适度自信和过度自信。适度自信是人们对自己掌握的知识和能力的真实认知，对风险能够恰当地识别；实验心理学的研究认为过度自信是个体认为自己的个人技能或是所获得的信息比实际上他们所拥有的要更优或是更多的一种信念（Langer 和 Roth，1975；Langer，1975；Fischchoff 等，1977；Larwood 和 Whittaker，1977；Lichtenstein 和 Fischhoff，1977；Weinstein，1980）；Nofsinger（2005）认为过度自信是人们对自己掌握的知识或能力估计过高，对潜在的风险估计过低，从而夸大自己对事件的控制能力。对于个体的过度自信的表现，Odean（1998）的研究中给出了详细的阐述：过度自信是对自己所掌握的知识的准确程度估计过高；人们对于自己能够完成好某件事的能力估计过高，并且，当个人在某项任务中所承担的责任越大，具有的重要性越高，那么他对自己能力的高估程度也越高；此外，人们经常会对自我进行过高的评价，大多数人会认为自己是优于平均水平的，并且，他们中的大多数人通常对自己的评价要比别人对他的评价高等。陈其安和刘星（2005）认为过度自信是心理学范畴的一种现象，它被描述成人们对自身的能力、水平，抑或自身所掌握信息的准确性估计过高的心理现象。众多学者通过实验观察和实证检验指出，过度自信这种心理现象最容易以两种形式表现出来：第一种是人们的认知偏差，即人们对于自己的判断能力过度自信，过高估计自己取得成功的概率，当获得成功时，常将结果归功于自己的能力与知识，而忽略机遇和外部力量的作用；第二种表现是怀有认为自己所掌握的知识的准确程度比实际程度更高的一种信念，这种信念将会对过度自信的人们的行动提供精神支持。

1.3 ———————— 研究目标和研究内容 ————————

1.3.1 研究目标

1）分析并检验管理者过度自信是否驱动企业的并购决策

本书分别将企业的并购选择以及并购的频率与管理者过度自信进行检验，通过 Logistic 多元回归分析，验证管理者过度自信对并购的选择以及并购频率产生的影响，从而分析过度自信的管理者实施并购的动机以及发起频繁并购的动因，从而为避免过度自信管理者在未充分学习既往并购经验的前提下盲目进行频繁的连续并购提供依据，防止由于盲目选择低效率的并购项目而损害公司股东价值。

2）分析并检验管理者过度自信对并购特征的影响

本书将主要从管理者过度自信的角度，对并购活动过程中对价方式、并购溢价程度的并购特征分别进行 Logistic 多元回归分析，剖析管理者过度自信是如何对并购过程中的并购特征产生的影响以及影响的程度，深入了解管理者过度自信的认知偏差分别与并购对价的选择和并购溢价支付程度间的关系，为管理者提高资本使用效率、避免非理性过高支付并购溢价提供借鉴。

3）分析与评价过度自信管理者发起的并购所产生的经济后果

本书基于我国的制度环境，采用并购事件研究法，分析管理者过度自信对并购的绩效（并购公告的市场反应）的影响。采用累计超额收益法

（CAR）计算公司的短期绩效，从而为上市公司的相关利益者识别管理者是否过度自信以及过度自信的程度提供依据，因势利导，督促管理者克服过度自信的认知偏差。

1.3.2 研究内容

本书主要包括以下内容：

第1章，绪论。主要交代本书的选题背景及研究意义、研究目标和内容、技术路线和研究方法以及文章的创新之处。

第2章，文献回顾与述评。通过对已有的基于传统理性假设的企业并购行为的文献回顾，发现其中所不能解释的并购"异象"以及所忽略的"人"的因素，从而提出管理者非理性的企业并购行为，通过对国内外关于管理者非理性行为对公司并购决策影响的文献回顾，总结主流研究观点和研究发现，从而为后续章节结合我国上市公司并购现状，研究管理者对并购决策、特征以及经济后果的影响提供理论基础。

第3章，制度背景分析。随着中国进入WTO以及并购监管改革，中国企业在全球资本市场上的并购行为高潮迭起。立足于我国上市公司特有的制度背景以及我国上市公司管理者的行为特征，对上市公司并购的交易特征（如交易情况、频率分布、行业分布、对价方式、并购溢价）、企业特征（如企业治理结构、现金持有量、资产负债率、企业规模）进行分析，从而剖析中国上市公司并购行为的主要特征。

第4章，管理者过度自信对并购行为影响的理论分析。在第2、3章的基础上，深入研究企业的并购决策、企业的交易特征（对价方式选择及并购溢价程度）以及并购后公司绩效，以明确管理者过度自信如何对公司并购行为产生影响以及其影响程度，为后续的实证研究打下理论基础。

第5章，管理者过度自信与并购决策的实证分析。探究管理者过度自信是否能够驱动公司并购行为的发生以及对并购频率的影响。拟选取2004—2012年深、沪两市A股上市公司发生的并购交易事件作为初始研究样本①。分别以并购选择、并购发生频率作为因变量，将影响管理者过度自信的个人特征与外部环境的相关因素作为自变量，进行 Logistic 多元回归检验，以研究过度自信的管理者对并购选择的偏好。

第6章，管理者过度自信与并购特征的实证分析。主要从管理者过度自信对并购特征影响的角度（并购的对价方式与并购溢价程度）来分别研究管理者过度自信与其相关性，从而更好地理解管理者过度自信对并购特征的影响。分别以并购对价方式、并购溢价程度作为因变量，将影响管理者过度自信的个人特征与外部环境的相关因素作为自变量，进行 Logistic 多元回归检验，研究管理者过度自信对并购特征的影响，为第7章的并购绩效研究奠定基础。

第7章，管理者过度自信与并购绩效的实证分析。采用并购事件研究法，将并购后公司短期绩效 CAR 作为因变量，将影响管理者过度自信的个人特征与外部环境的相关因素作为自变量，进行实证检验，研究管理者过度自信对并购的短期绩效（市场对并购公告的反应）的影响。其中因变量短期绩效采用并购公告前后20个交易日（不含公告日）的累计超额收益率。通过对管理者过度自信与并购绩效的探讨，更好地认识市场对过度自信管理者施行的并购的反应。

第8章，研究结论与政策建议。根据理论分析和实证检验的结果总结归纳本书的主要研究结论。同时，依据研究结论提出相应的政策建议，最后在分析本书研究不足的基础之上指出未来研究的方向。

1.4 ——————— 技术路线和研究方法 ———————

1.4.1　技术路线

技术路线如图1−1所示。

---

① 起始数据自2004年开始是由于我国上市公司披露并购交易的信息数据自2004年才相对完整。

提出问题

绪　论

研究背景及意义　｜　相关概念界定　｜　研究目标及内容　｜　技术路线和研究方法　｜　论文创新

相关文献

文献回顾与评述

管理者理性理论　　　　　管理者非理性理论

信息不对称理论　｜　委托－代理理论　｜　认知偏差理论　｜　管理者过度自信理论

制度背景与现状

制度背景分析

并购环境　｜　并购交易特征　｜　收购公司特征

理论分析

管理者过度自信对并购行为影响的理论分析

前景理论　｜　高阶理论　｜　自我归因偏差理论　｜　控制幻觉理论

理论分析与实证研究

管理者过度自信与并购决策　｜　管理者过度自信与并购特征　｜　管理者过度自信与并购绩效

结论

研究结论、政策建议、
研究局限及未来展望

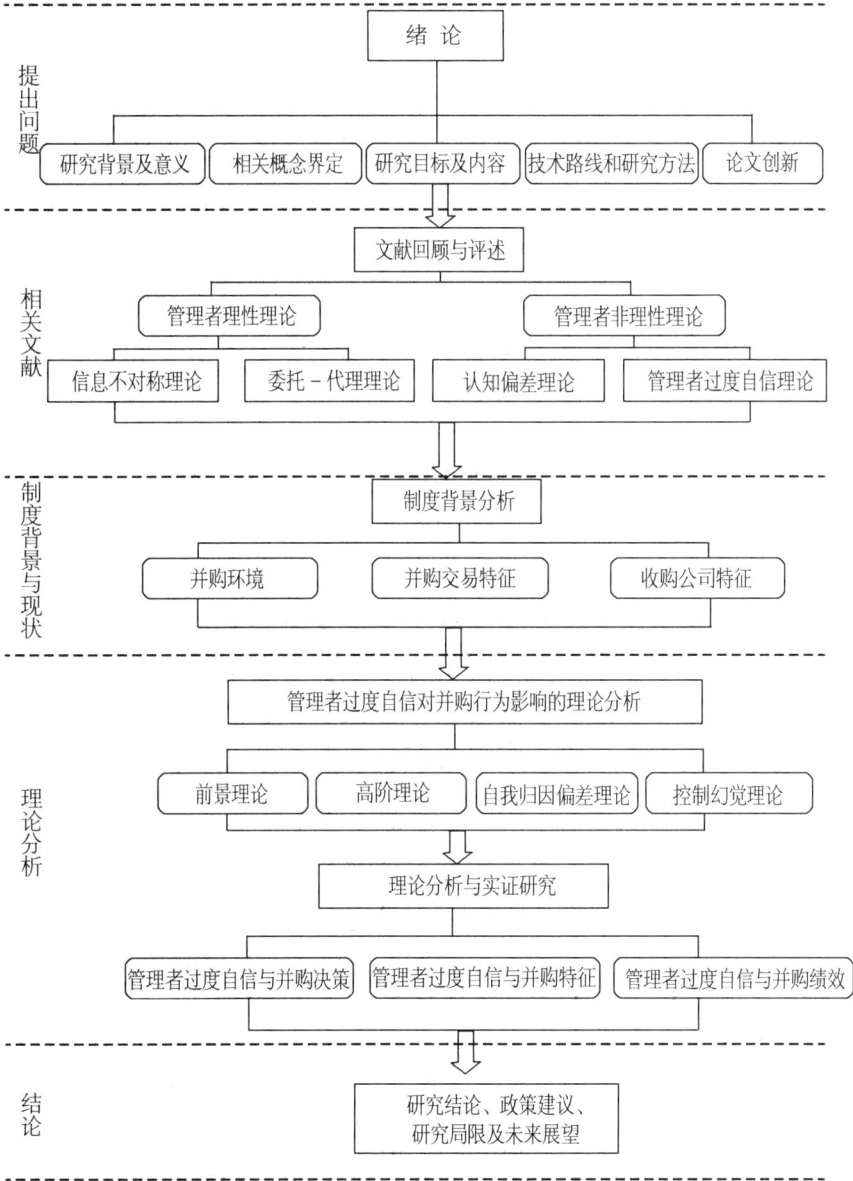

图 1-1　技术路线图

1.4.2　研究方法

1）规范研究

本研究通过阐述管理者理性假设理论与非理性假设理论，尤其是管理者过度自信理论，对相关经典文献进行梳理分析，明晰管理者过度自信对并购行为的影响的理论渊源与意义。

2）实证研究

（1）描述性统计。

选取2004—2012年深、沪两市 A 股上市公司发生的并购交易事件作为初始研究样本，搜集并整理并购样本的数据，运用描述性统计的方法，分别将样本期间上市公司的并购交易情况、并购样本的行业分布（按并购方）、并购频率、对价方式以及并购溢价的情况表、趋势图予以总结与分析，解释时间窗期间我国上市公司的并购状况，为接下来的实证分析提供初步证据。

（2）管理者过度自信对并购行为选择影响的实证分析。

针对第5章、第6章的研究内容，在考虑中国制度环境的影响下，分别将各被解释变量：并购行为选择与否（MandA）、并购频率（Fre）、对价方式选择（Pay）以及并购溢价程度（Pre）与管理者过度自信做回归，从而发现管理者过度自信对并购决策以及并购特征的影响程度。在第5章，采用 Logistic 多元回归分析法验证管理者过度自信是否会驱动公司并购行为的选择以及如何影响并购发生的频率。为了避免严重共线性问题，选用 Pearson 相关性检验。用离散变量检验并购的选择与发生的频繁程度。为了使检验结果更具有可靠性，第5、6章的稳健性检验采用的方法是根据经典文献更替其中的关键变量。

（3）管理者过度自信对并购绩效影响的实证分析。

针对第7章，在考虑中国制度环境的影响下，从管理者过度自信的角度，采用并购事件研究法，运用横截面多元回归统计法，研究管理者过度自信对并购的短期绩效（市场对并购公告的反应）的影响，短期绩效的窗口期采用并购公告前后20个交易日。为了使检验结果更具有可靠性，第7章的稳健性检验采用的方法是改变研究时间窗，对并购公告前后6个交易日的累计超额收益率进行检验。

1.5 ——————————— 本书的主要创新 ———————————

（1）将频繁并购行为与并购是否发生的研究进行区分，充分体现频繁发起并购活动的管理者收购行为的差异性，在并购选择与否的研究基础上，对高频并购的发生也进行了一定程度的探索，从频繁发起并购的角度对过度自信管理并购的动因进行补充，深入了解管理者过度自信对并购行为的影响程度。

（2）深入地对并购价值创造产生影响的并购特征（包括对价方式、并购溢价）进行研究。剖析过度自信的管理者对并购的对价方式选择、企业资本的利用效率、并购支付的溢价程度等的影响程度，拓展并购行为的研究路径。

（3）由于管理者过度自信对并购影响的研究在我国起步较晚，针对中国市场的实证研究也较为匮乏，本书结合我国特殊的制度环境，将影响管理者过度自信程度的因素分别与并购发生的选择、并购特征以及并购经济后果进行实证检验，并试图理清管理者过度自信是如何影响并购的选择、并购的特征以及并购经济后果。

（4）将管理者过度自信对并购行为的影响与制度环境，与行为学、心理学、伦理学等多学科相关联，拓展了对管理者过度自信认识的边界，从而可以帮助企业更好地预防、缓解管理者过度自信心理，培养真正值得信赖的公司管理者。

▶▶ 第 2 章 ◀◀

文献回顾与述评

2.1 ———————— 基于理性假设的并购行为 ————————

在传统的财务学研究理论中，学者们都假定人是理性的"经济人"，并在此基础上构建许多理论来解释公司所发起的并购行为。既有的基于理性"经济人"道德风险行为的理性理论主要有信息不对称理论与委托–代理理论。

2.1.1 信息不对称理论

在现实经济生活中，资本市场是不完全的，各个市场参与者享有的信息是不对称的。就企业并购来说，在并购过程中，由于并购双方对于信息的掌握是不对称的，收购企业总是处于信息不利的地位。目标企业的管理水平、产品开发能力、机构效率、投资政策、财务政策、未来生产经营情况等因素都将会影响企业的未来价值，但是收购企业对目标公司的以上信息却并非完全了解，由于这种并购中的信息不对称现象的存在，导致收购企业的管理者在并购活动中会高估协同效应，低估潜在的风险，从而导致并购实施中出现"柠檬问题"[①]（Akerlof，1970）。

---

① "柠檬问题"是诺贝尔经济学奖获得者 George Akerlof（1970）提出来的，"柠檬"一词在美国俚语中表示"次品"，它是信息不对称理论的重要组成部分。

Myers 和 Majluf（1984）认为由于资本市场的信息不对称，投资者无法了解公司的内部信息，而管理者能够掌握投资者所无法了解的有价值信息，由于管理者的"逆向选择"问题，当企业的股价被高估时，管理者会倾向于发行股票融资以进行投资，从而可能造成企业的过度投资。Narayanan（1985）认为，由于信息不对称，市场不能通过企业所实施的投资项目的净现值的大小来区分企业的好坏，只能以平均质量对所有企业进行估价，使得"柠檬企业"从被高估的估价中获利，从而弥补实施净现值小于零的项目给企业造成的损失。从这个角度来看，管理者可能会实施很多净现值为负的并购项目，从而造成盲目并购。

正是由于信息的不对称，收购企业的管理者对目标企业的资产价值和盈利能力的判断往往难以非常准确，其在收购的谈判中可能会由于错误的判断而接受高于目标公司基础价值的收购价，从而导致管理者在并购中过度支付或过度股权置换，造成收购企业资产负债率过高，抑或目标企业在并购后不能带来预期的协同效应而陷入财务困境。在这种情况下，一些发展前景较好，但缺少现金流量的目标企业为了使并购活动能够顺利进行，往往会主动向收购企业提供有关自己产品开发能力、经营状况、财务决策、投资决策、生产经营状况等信息，这就构成目标企业与收购企业之间的信号传递博弈。

2.1.2　委托-代理理论

Jensen 和 Meckling（1976）在《企业理论：管理行为、代理成本与所有权结构》这篇经典文献里，提出了代理成本的概念，通过这个概念来深刻描绘股东与管理者之间的委托-代理问题，从而进一步深化了管理者主义。在 Jensen 和 Meckling 看来，委托-代理关系是一种契约，在这种契约下，一个人或多个委托人委托某一个代理人代表他们来采取某些行为，包括把若干决策权托付给代理人。如果契约关系双方的目标都是为了达到自身效用最大化但效用函数不同时，代理人不会总为委托人的最大利益而行动。

在现代企业中，债权人和股东之间、股东与管理者之间都存在着委托-代理关系。由于各方的要求不同，双方不可避免地存在着矛盾与冲突，从而可能引起企业非效率投资。有关并购的现有理论中存在的不足所引发的许多问题都被越来越多的学者认为是代理关系中的特例。对代理问题关注不足或对其中的委托-代理关系协调不当，可能导致企业并购的失败；或者即使并购成功，并购企业在日后运作中也难以达到预期的并购目标。根据委托-代理理论，管理者作为"经济人"，存在"机会主义"倾向，他们会在经营管理中产生职务怠慢、掏空和侵占股东利益等"道德风险"。

管理者实施并购有为了一己私利的"构建帝国"动机。Jensen（1986，1993）认为，这种动机将导致管理者将所有可获得的资金都用于进行并购，因此，企业拥有的自由现金流量越多，盲目并购现象越严重。管理者会倾向于通过并购扩大公司规模，从而为了一己私利"构建帝国"，管理更多的公司资产，提高个人收益（Core 等，1999；Khorana 和 Zenner，1998；Jensen，1986，1993；La Porta 等，2002）。

此外，管理者通过实施并购项目维持他们在公司的地位，从而人为地放弃一些有价值的投资，即管理者的防御与堑壕效应。Amihud 和 Lev（1981）认为，管理者都偏好多元化并购，因为这能降低他们所控制的企业风险，从而维持他们在企业中的地位。而 Shleifer 和 Vishny（1989）则认为，管理者偏好的并购项目需要他们的专有能力，从而强化其在企业中的地位。

管理者出于声誉及职业的考虑，在选择并购项目时会有所侧重。Narayanan（1985）发现，为了维持自己的声誉，管理者会倾向于选择那些能提供企业短期绩效的并购项目，而不顾股东的长远利益。Bebchuk 和 Stole（1993）指出，在并购项目为外界所知晓的情况下，出于对自身声誉的考虑，管理者会选择并购，而不管其是否会带来价值，从而造成盲目并购。众多研究发现，在发行新股前两年左右，企业会有较好的经营绩效，而新股发行后的若干年内，绩效会有大幅度的下滑（Loughran 和 Ritter，1997）。这说明管理者为了短期利益而损害了股东的长期利益。

由于在公司的并购行为中股东与管理者间的关系符合纯粹的委托-代理关系，因此，并购理应存在"所有权与控制权分离"的代理问题。并购的令人沮丧的结果与收购公司股东的负收益可以解释为代理成本的存在：收购公司的管理者之所以青睐并购是因为他们个人的权力、财富以及地位会随之得到提升。如此的管理者行为是出于理性的思量，但却不是出于为股东的利益着想。

2.2 ——————— 基于非理性假设的并购行为 ————

如上所述，传统公司财务决策选择的目标是企业价值最大化，但由于信息不对称、委托－代理问题的存在，管理者可能会出现"逆向选择"等行为风险妨碍企业的决策，从而影响企业价值最大化的实现。

随着心理学，尤其是社会心理学和认知心理学的发展，以上的"理性人"假设受到学者们的广泛质疑，Leibenstein（1987）提出，人不是完全理性的，完全理性的经济人只是一种极端的、个别的情况，管理者自身的非理性行为也会损害投资者的利益。正如美国心理学家 Aronson（2001）所指出的，人类的大脑不尽完美之处如同他们的奇妙之处一样多，这种不完美的结果就是人们自以为最终搞清楚的事情也许并不正确。而这种不尽完美正是因为作为重要认知资源的人类大脑受到了心理因素的制约，比如说人们在认知过程中会尽力寻找捷径，人类是"认知吝啬鬼"①，即人们总是在竭力节省认知能量。Shefrin（2007）指出，认知偏差等心理现象会妨碍管理者对公司财务传统方法的最优运用。因此导致管理者盲目过度自信，在并购中，管理者做出次优决策，或是做出的决策导致收购公司价值受到损害，最终产生昂贵的决策成本。当管理者面对风险以及不确定的因素时，由于认知偏差导致其过度自信从而做出不当的财务决策，管理者的非理性行为导致的这种次优决策是无法像代理问题那样可以通过激励机制的设计而消除的。

2.2.1　认知偏差理论

既往学者的研究发现，较之理性同侪，过度自信管理者的并购决策更可能损毁公司价值（Smit 和 Moraitis，2010）。在管理者的决策过程中，其过度自信的程度受到认知偏差因素的影响（Scharfstein 和 Stein，1990）。Hambrick 和 Mason（1984）提出高管的认知因素和价值观会影响企业的并购决策行为。

学者们提出过度自信管理者的并购决策可能是由衷地为了股东的利益

① Fiske 和 Taylor（1991）的研究中对"cognitive misers"的定义。

最大化，而导致并购的结果不尽如人意的原因只是缘于他们的行为是基于非理性的考量。那么非理性的认知偏差是如何在并购决策中影响过度自信管理者的行为选择，最终导致收购公司股东财富受到损害的呢？本研究将采用全新的角度，从三种认知偏差类型出发，分析过度自信管理者在并购活动中的非理性表现。

1）易获得性偏差

Kahneman 和 Tversky（1974）指出，个人在面对不确定结果做出预期时，常常违背贝叶斯法则或其他关于概率的理论。容易让人联想到的事情会让人认为这件事情常常发生，他们将这种现象称为易获得性偏差。正是人的这种"认知吝啬鬼"（Fiske 和 Taylor，1991）策略，使管理者在面对目标公司有限的信息时不能从记忆中获得决策所需的全部信息，而过度自信的管理者却会高估自己所获得的信息，所以在信息加工时往往会出现低估潜在风险、高估协同收益的过度自信心理偏差。

过度自信的管理者由于存在易获得性偏差，因此在做出并购决策前，其会从过去的并购经历中获取重要的信息，即过度自信的管理者会从过去所完成的成功并购事件中确认将进行的并购项目的可行性。过度自信的管理者会基于其可以轻松猜想到的并购结果，对将开展的并购可行性进行评估，从而高估并购后产生的协同效应，导致过度自信管理者的频繁并购。显然，过度自信管理者由于受到认知偏差的影响而不能够有效且无偏地处理所获得的目标公司的相关信息资源，从而产生有偏差的并购决策，最终影响了企业的价值。

2）锚定偏差

管理者在并购决策过程中需要面对大量的不确定因素。由于信息的不对称性，收购方的管理者可能根本不清楚目标公司愿意让渡公司控制权且可以让自己在拍卖竞赛中赢得对手的溢价程度，Trautwein（1990）指出，如果目标公司本身的财务状况是频繁变化的，那么管理者可能难以知晓其变化的原因，更难以做出准确估价；并且当并购竞拍同时出现多个潜在的竞标对手时，管理者要决定是继续坚持提高标价还是放弃之前的投入而果断撤标。正是由于并购溢价决策中充斥着大量的不确定性，过度自信的管理者可能会在进行并购溢价决策时通过引入"锚"进行度量而导致锚定偏差，换言之，过度自信的管理者在并购过程中过度地参照其竞拍对手的出价，从而导致在拍卖竞赛中，高估目标公司的价值，忽视潜在的风险，对目标公司的支付经常出现并购溢价的现象。溢价水平超过 100% 的现象也较为常见（Varaiya 和 Ferris，1987）。

3）赢者诅咒

"赢者诅咒"[①]是"赢家"不赢，就好似"赢者"面临"诅咒"，需要为所赢之事付出高昂的代价。在经济社会的并购领域，这个名词类似于"惨烈的胜利"。由于信息的不对称性，收购公司身处具有共同价值的竞拍活动中时，"赢者诅咒"意味着在竞拍过程中，往往赢家虽然赢得了竞拍项目却导致过度支付。

学者们发现在并购领域"赢者诅咒"现象普遍存在。Roll（1986）认为，在有效的市场、非理性的经理人的假定前提下，积极的竞价者因为过高地估计和使用了自己所拥有的信息，确信自身拥有很好的管理和经营能力，公司合并后能产生较大的协同效应，从而陷入目标公司设定的圈套，掉进了"赢者诅咒"的陷阱。Morck、Shleifer 和 Vishny（1990）以及 Schwert（2000）研究发现成功收购的公司的收益率与竞标的收购公司数量呈负相关关系，即竞标越激烈，收购公司的管理者越容易高估目标公司的价值，进而对目标公司过度支付。

赢者的过度支付或是被"诅咒"主要是通过两种方式：（1）收购成功方的出价超过了目标公司的自身价值从而导致赢家处在绝对的较差境况下；（2）目标公司资产价值远不如收购方的预期，因此收购方可能获得了净收益，但是要低于之前的预期。

2.2.2　管理者过度自信理论

作为管理者个人特质所导致的个人决策的认知误差中，过度自信被认为是人类与生俱来且最为稳健的心理特征和行为规律；并且对于具有"英雄主义"色彩的管理者而言，其魅力的表现即包含"自信"，然而在"被

---

① 最早对"赢者诅咒"概念进行讨论的是 Atlantic Richfield 公司的三位工程师 Capen、Clapp 和 Campbell（1971），他们发现这种经济学的反常现象是在一个有众多竞标者的拍卖中，竞拍的赢家很可能会亏损。Richard H. T. 所著 The Winner's Curse 发现"赢者诅咒"最早广泛存在于石油钻探权拍卖市场中。

极端的、未知的、不可能的事情主宰着的世界"中，管理者往往会认为自己是赌博转盘中的幸运儿，会对自己的判断过于自信，高估自己成功的概率，也就是管理者过度自信。

在伦理道德学中过度自信被描述为专制者的特性。领导者不能过度自信，因为在该情况下，他们将不再是合格的领导者，而是专制者："领导能力（不同于专制）只在美德中产生"（Woodruff，2005）。Scodel（1982）表明，只有专制者会在掌握权力后表现出过度自信。Matte'i（2009）认为现代社会是基于过程的，这意味着管理者被套牢在一个永无止境的循环中，这里没有道德底线，甚至可以贬低任何与该过程无关的因素。Solomon（2003）提出，"公司的管理者与员工有责任并承诺将采取与企业的压力和政策一致的行为，即使这些压力与政策是有问题的或不道德的，而管理者与员工要学习使其相应地合理化"。Akerlof 和 Shiller（2009）指出，经济体制自身的压力需要通过监督与制衡来限制管理者的行为："由于管理者们毫无愧疚感地为自己和公司赚钱，所以需要一个制衡力确保他们不会越过诚实底线"。因此，经济体制会促使管理者产生过度自信行为，但这并非意味着当个人掌握权力后，过度自信与专制是唯一可能的结果，因为掌握权力可能会产生好与坏两种结果，管理者或者开发自身的美德与所需要的行为从而成为领导者，或者落入过度自信的泥潭而成为专制者。

心理学领域的研究将管理者过度自信的行为定义为自我病理学。Owen 和 Davidson（2009）提出过度自信可以用来描述掌有权利的个人的人格障碍，因为只有掌握权力并在缺乏对个人行为进行约束的条件下过度自信才能够被激发。过度自信共有 14 条标准，如果管理者具备其中 3 条标准且至少有 1 条是该症状的显著特征，则可诊断为过度自信。过度自信的标准是管理者的态度与行为的结合。通过对 2008 年金融危机时一些企业管理者的行为与态度的研究，Owen 和 Davidson 明确指出过度自信适用于商界领袖，他们提出的管理者过度自信的临床表现清晰地说明掌握权力是触发条件，并且强调存在认知与行为两个层面。实验心理学的研究认为（Langer 和 Roth，1975；Langer，1975；Fischhoff 等，1977；Larwood 和 Whittaker，1977；Lichtenstein 和 Fischhoff，1977；Weinstein，1980），过

26

度自信是个体认为自己的个人技能或是所获得的信息比实际上他们所拥有的要更优或是更多的一种信念。然而，这些研究的实验对象通常是大学生，他们会表现出这种过度自信行为。

在财务领域，学者们认为投资者存在过度自信倾向（Barber 和 Odean，1999；Odean，1998，1999），同时，投资者的这种行为也通常归因于投资者对公司信息了解不够或是个人的流动性需要。然而，公司管理者拥有专业的知识且处于掌权之位，却也同样表现出与实验对象或是个人投资者一样的"非理性"的过度自信行为。Moore 和 Healy（2008）将管理者过度自信定义为"一个人过高估计自己的能力、行为、控制水平或成功的机会"，由于过度自信在管理者中普遍存在，因此它是一种特定的人格因素。

Porter（1980）指出，成功的企业策略需要不同的技能组合，管理者个人特质与企业策略的配选是成功的关键。而在管理者个人特质中，过度自信的倾向，更为研究者所广泛讨论。管理者的个人特质，表现在公司决策上，有可能成为损毁公司绩效的来源（Roll，1986；Hayward 和 Hambrick，1997；Hayward，Shepherd 和 Griffin，2006；Malmendier 和 Tate，2008；Malmendier，Tate 和 Yan，2011）。此外，Rabin（1998）与 Dellavigna（2008）提到，个人在做决策时，往往会背离一般的经济理性，产生时间点选择不一致、背离一般原则或是过度自信的情况。Simsek、Heavey 和 Veiga（2010）发现，管理者的过度自信和企业战略之间存在正向的线性关系。同时，既往的研究表明，管理者过度自信对企业的影响作用会因环境而有所不同。例如，Simon 和 Houghton（2003）发现，过度自信的管理者会为企业引入先进的产品，但也存在缺点。Hmieleski 和 Baron（2009）的研究结果表明，与过度自信紧密相关的概念——乐观，与新创企业的绩效（收入和就业的增长）是负相关关系，而这种关系随着企业的环境不同而有所变化。由于，企业家拥有决策的权利，且需要担负企业的成败责任，因此，存在认知偏差的企业家人格特质，对企业的运作，比如并购，造成何种影响，就成为研究与实务上的重要议题。例如，Roll（1986）提出"并购行为是个人决策的体现"，他认为企业并购失败可以采用管理者个人的非理性行为进行解释。

27

管理者过度自信与企业并购行为研究

相关心理学文献指出，大部分的人对于未来会抱有出乐观的预期，尤其是企业家在制定决策时，更容易有乐观预期，因为企业家通常处理的是复杂、随机的任务，这种任务更易引起企业家过度自信的个人特质（Moore 和 Cain，2007）；March 和 Sharpia（1987）也指出，当企业家对企业绩效有极大的控制力，或被公司赋予重任时（Weinstein，1980），管理者在制定决策时会倾向于乐观的预期。但此种企业家的个人特质，常常被认为是不受欢迎的，其会使企业决策出现偏误。例如，Malmendier 和 Tate（2005a；2006b；2008；2011）针对过度自信认知偏差对公司财务决策的影响进行研究发现，企业家的个人特质——过度自信——是公司决策中不可忽略的行为因素，CEO 的过度自信会影响公司的投资活动与现金流量敏感性，且损毁公司的价值，但是 Malmendier 和 Tate 的样本中，有极大比例的公司管理者被归为过度自信，且此种个人特质是不可被观察的。Hambrick 和 Mason（1984）与 Hayward 和 Hambrick（1997）在过度自信倾向企业家的研究中也提到，企业家的过度自信倾向会影响公司决策。学者们对过度自信管理者对并购决策及相关并购特征分别进行了分析，Hayward 和 Hambrick（1997）对过度自信管理者存在并购溢价决策倾向进行了分析。Dellavigna 和 Malmendier（2006）针对管理者过度自信对定价决策造成的影响进行探讨；Goldfarb 和 Xiao（2010）对管理者过度自信与进入市场决策的关系做研究。对于管理者的过度自信认知偏差，Shipman 和 Mumford（2011）指出过度自信是管理者的个人魅力型领导风格。在公司治理过程中，具有过度自信个人特征的管理者能够使其下属产生强烈的工作热情并进行互动，如下属的表现超出预期（Judge 和 Piccolo，2004；Rowold 和 Heinitz，2007），下属会愿意为了集体利益而牺牲个人利益（Finkelstein 和 Hambrick，1996；Kark 和 Shamir，2002；Kark 和 Shamir 2003；Howell 和 Shamir 2005）。因此，Englmaier（2007）提出，策略性考量是雇佣个人特质中存在过度自信认知偏差管理者的最佳解释，因为过度乐观的企业家可以为企业提供可信赖的承诺，使公司更具凝聚力，可帮助公司立足于竞争性市场，因此，企业可能提供更多奖励给存在非理性个人特质（包括过度自信与过度乐观）的企业家。

管理者过度自信影响并购行为的经典文献列表见表2-1。

表 2－1　　　　**管理者过度自信影响并购行为的经典文献列表**

研究主题	主要观点	研究学者及年份	方法与模型
管理者过度自信与并购行为选择	（1）过度自信管理者高估并购的协同效应； （2）过度自信管理者因接管竞赛、赢者诅咒而倾向实施更多的并购活动	Roll（1986）	回顾文献、间接方法
	（1）管理者的过度自信心理影响企业的并购； （2）管理者的控制力对企业的并购产生影响； （3）管理者的上述两种特征程度越大，并购的可能性越大；管理者的控制力越强，越易实施多元化并购	Brown 和 Sarma（2006）	主流媒体对 CEO 的评价、用管理者的薪酬与企业总资产比值的对数衡量管理者的控制力
	过度自信管理者更倾向发起并购活动，且绝大多数是多元化并购	Malmendier 和 Tate（2008）	CEO 持有股票期权的数量变化、主流媒体对 CEO 的评价
	收购公司的管理者存在过度自信倾向	Liu 和 Taffler（2008）	CEO 持有股票期权的数量变化、主流媒体对 CEO 的评价和管理者的演说内容
	过度自信管理者更倾向发起并购活动	Malmendier、Tate 和 Yan（2011）	CEO 持有股票期权的数量变化、主流媒体对 CEO 的评价
	管理者的过度自信程度与并购呈现显著正相关关系	傅强和方文俊（2008）	企业景气指数
	过度自信管理者更倾向于过度投资	王霞、张敏和于富生（2008）	盈利预测偏差
	管理者过度自信与企业并购间并不存在显著的正相关关系	姜付秀、张敏、陆正飞和陈才东（2009）	用薪酬前三位高管的薪酬占全部高管的薪酬的比例来度量过度自信状况
	管理者过度自信是并购的重要动因	雷辉和吴婵（2010）	高管在任期内持股数量的变化
	管理者过度自信与并购决策存在显著正相关关系	李善民和陈文婷（2010）	并购频率、高管相对薪酬比例
	企业并购政策和管理者过度自信之间存在显著的正相关关系，过度自信管理者的企业实施的并购行为比同侪企业高 20% 左右	史永东和朱广印（2010）	用薪酬前三位高管的薪酬占全部高管的薪酬的比例来度量过度自信状况

管理者过度自信与企业并购行为研究

续表

研究主题	主要观点	研究学者及年份	方法与模型
管理者过度自信与并购行为选择	管理者过度自信与公司并购行为正相关	肖峰雷、李延喜和栾庆伟（2011）	持股状况和相对薪酬比例
	发生并购的上市公司的管理者普遍存在过度自信认知偏差	谢玲红、刘善存和邱菀华（2012）	并购次数
	高管过度自信程度越高，公司过度投资现象越严重	胡国柳和曹丰（2013）	业绩盈余预测偏差
管理者过度自信与并购频率	（1）管理者由于自我归因产生的过度自信使其更频繁地并购；（2）与五年内只并购一次的企业相比，并购两次以上的企业在并购时会产生更多的负的公告效应；（3）管理者在不断并购的过程中对其所在公司股票的净买入行为	Billetta 和 Qian（2008）	并购次数
	过度自信的管理者会导致上市公司并购事件的频发以及并购效率低下	谢海东（2006）	简单模型
	高频率的并购比低频率的并购绩效差，说明管理者倾向于将以前的成功归功于自身能力，从而造成过度自信，进而在过度自信的心理支配下发起更高频率的并购活动	Doukas 和 Petmezas（2007）	并购次数
管理者过度自信与对价方式	（1）过度自信的管理者对公司未来绩效好转的可能性过分乐观；如果其比外部并购者对并购项目更乐观，则他会认为资本市场低估了公司价值，因此不愿外部融资（发行股票），这样会导致企业并购不足。（2）当企业拥有充足的现金流时，过度自信的管理者可能倾向于采用现金对价的方式误选 NPV 为负的并购项目；过度自信的管理者会高估并购所产生的现金流，从而误选 NPV 为负的并购活动；在自由现金流匮乏的情况下，过度自信的管理者会放弃 NPV 为负的并购项目，因为他们认为外部融资成本过高	Heaton（2002）	并购异化模型

续表

研究主题	主要观点	研究学者及年份	方法与模型
管理者过度自信与对价方式	在公司具有融资约束的条件下，过度自信管理者所在企业的投资水平对公司现金流具有较大的敏感性	Lin 和 Hu（2008）	盈利预测与实际盈利之间的关系
	当公司的内部资源足够时，过度自信的 CEO 会倾向于进行低质量的并购项目	Malmendier 和 Tate（2008，2011）	CEO 持有股票期权的数量变化、主流媒体对 CEO 的评价
管理者过度自信与并购溢价	过度自信管理者因接管竞赛、赢者诅咒在并购竞拍中过度支付	Roll（1986）	回顾文献、间接方法
	管理者越过度自信，并购的溢价程度越大	Hayward 和 Hambrick（1997）	主流媒体对 CEO 的评价、CEO 的相对薪酬、公司的当前绩效、分析三个变量因子得到的新变量
	并购过程中的过度支付与管理者过度自信相关，而与代理理论的激励问题不相关	Hietala、Kaplan 和 Robinson（2003）	案例分析
	过度自信管理者由于高估自己的能力，在评价目标公司未来产生的效应时过分乐观，从而倾向于在并购中过度支付	Malmendier 和 Tate（2008，2011）	CEO 持有股票期权的数量变化、主流媒体对 CEO 的评价

管理者过度自信与企业并购行为研究

研究主题	主要观点	研究学者及年份	方法与模型
管理者过度自信与公司绩效	并购完成时，目标公司价值的增加额会被收购公司价值的减少额所抵消，即并购活动并不会带来财富的增加，并购所发生的费用构成最终的净损失	Roll（1986）	回顾文献、间接方法
	并购会造成股东财富的损失，管理者过度自信和并购溢价之间的关系越强，这种损失程度也越大	Hayward 和 Hambrick（1997）	主流媒体对CEO的评价、CEO的相对薪酬、公司的当前绩效、分析三个变量因子得到的新变量
	（1）股权依赖程度较低的企业，过度自信的程度与发生并购的相关性较显著； （2）过度自信的管理者所发起的并购会引起市场更强烈的消极反应； （3）管理者的过度自信确实会影响企业的并购行为，并对公司价值造成巨大的损害	Malmendier 和 Tate（2003，2005）	CEO持有股票期权的数量变化、主流媒体对CEO的评价
	（1）过度自信的管理者实施的并购会为股东带来正收益，但程度低于非过度自信管理者实施的并购； （2）从长期绩效看，过度自信的管理者实施的并购表现更糟糕	Doukas 和 Petmezas（2007）	CEO实施并购的频率
	（1）过度自信管理者完成的并购，无论是在短期绩效还是长期绩效的表现上均呈现显著的负效应； （2）当收购公司的规模较大时，经济后果获得负效应表现得尤为显著	Liu和Taffler（2008）	CEO持有股票期权的数量变化、主流媒体对CEO的评价和管理者的演说内容
	过度自信管理者进行的并购使目标公司的股东价值增加，收购方股东价值下降	Malmendier和Tate（2008）	CEO持有股票期权的数量变化、主流媒体对CEO的评价
	（1）如果管理者的过度自信程度不是特别严重，则并购所带来的市场收益通常是正的； （2）如果管理者的过度自信程度严重，收购公司的市场收益是负的	Xia和Pan（2006）	基于实物期权框架的动态并购模型
	过度自信管理者更可能发起低效率的过度投资行为	郝颖、刘星和林朝南（2005）	管理者持股数量的变化
	管理者的过度自信对企业价值的提高会产生不利影响	叶蓓和袁建国（2007）	二阶段投资模型

续表

研究主题	主要观点	研究学者及年份	方法与模型
管理者过度自信与公司绩效	（1）管理者过度自信行为将导致连续并购绩效逐次下降； （2）管理者学习行为将导致连续并购绩效逐次上升； （3）当过度自信管理者具有学习能力时，连续并购绩效的变化方向将取决于过度自信效应和学习效应何者占优	吴超鹏、吴世农和郑方镳（2008）	并购次序
	管理者过度自信与并购绩效存在显著的负相关关系	李善民和陈文婷（2010）	累计超额收益率
	并购行为与上市公司业绩负相关	肖峰雷、李延喜和栾庆伟（2011）	持股状况和相对薪酬
	管理者过度自信与并购短期绩效和长期绩效均呈负相关关系	谢玲红、刘善存和邱菀华（2012）	并购次数
管理者过度自信与内部激励	（1）过度自信的管理者：不存在委托-代理问题，不需要额外激励，给予股票期权会造成财富从股东流向管理者； （2）股票期权激励会使过度自信的管理者更多地去选择NPV为负的并购活动，从而造成股东财富的损失	Gervais等（2003）	资本预算模型
	（1）实施股权激励的上市公司中，1/4左右的高管人员具有过度自信行为特征； （2）管理者过度自信行为不仅与投资水平显著正相关，而且与投资的现金流敏感性更高； （3）过度自信管理者投资的现金流敏感性随股权融资数量的减少而上升	郝颖和刘星等（2005）	管理者任期内持股数量的变化

33

管理者过度自信与企业并购行为研究

Roll（1986）首先将管理者的非理性"自大假说"置于公司失败的并购行为中进行研究，在研究中他将并购的接管竞赛和赢者诅咒联系起来，提出管理者的自大心理对并购的意义是非常微妙的，而不仅仅是出价过高。他认为自大的管理者总是高估公司内部能够产生的收益，他们认为外部投资者低估了自己所在公司的价值，因此，如果公司需要进行外部融资完成并购时，他们很有可能因为不愿意进行外部融资而放弃 NPV 大于零的好的并购项目。

随后的研究中，学者们在 Roll（1986）的自大假说基础上，采用量化的指标对管理者过度自信替代变量进行度量，以期对管理者过度自信与并购行为的选择以及并购产生的经济后果之间的关系进行更深入地研究。

关于管理者过度自信与企业并购行为的研究，换言之，分析管理者的过度自信非理性行为倾向是否会增加企业选择并购行为的概率。Brown 和 Sarma（2006）对澳大利亚和美国公司的并购交易进行的实证研究表明过度自信的管理者与并购行为选择之间的关系是显著正相关，该结论的稳健性较高。Doukas 和 Petmezas（2007）在对英国时间窗为 1980—2004 年成功完成并购的 5 334 家公司为样本进行的实证检验结果表明，过度自信的管理者所进行的并购活动能够给收购公司股东带来正向的短期收益，但相对于理性同侪，过度自信管理者的短期收益较低。然而，过度自信的管理者所选择的并购项目的长期绩效的表现却非常糟糕。其中将管理者过度自信的研究推向新的研究高度的是 Malmendier 和 Tate 等（2008）的文章，他们对于管理者过度自信的替代变量的衡量指标分别采用的是：管理者放弃行使到期期权抑或管理者在公司股价高涨时仍未行使期权的行为；媒体对管理者的评价。他们研究发现过度自信的管理者所实施的并购活动的概率较之理性同侪高出 65%，当企业内部资金充裕、企业选择进行多元化的并购活动时，过度自信管理者所实施的并购高于同侪的现象更为显著。傅强和方文俊（2008）对我国上市公司在时间窗 2003—2006 年发生的 2 844 例并购事件进行的实证检验发现，管理者过度自信的程度与企业并购行为的发生呈现显著的正相关关系。因此，得出的结论是管理者过度自信是企业并购决策选择的重要动因。

关于管理者过度自信对并购的经济后果的研究，学者们考察了过度自信管理者发起的并购活动对企业价值的影响，换言之，过度自信管理者选择的并购活动是否会导致企业价值降低。Doukas 和 Petmezas（2007）在对英国时间窗为 1980—2004 年成功完成并购的 5 334 家公司为样本进行实证检验，选取的度量过度自信替代指标是多次并购与内部交易，结果发现，较之理性同侪进行的并购活动，过度自信的管理者所进行的并购活动产生的经济后果具有显著的负效应。Malmendier 和 Tate（2008，2011）的研究发现，过度自信的管理者会过高估计并购产生的协同效应，所以其将在并购竞价中支付更高的溢价水平，因而导致并购后收购公司的价值受到损害，当企业内部资金充足时，较高的并购溢价导致的收购公司价值受损会更显著地表现为负效应。Liu 等（2008）在借鉴 Malmendier 和 Tate（2008）研究的基础上，将管理者的期权行使行为、媒体对管理者的评价以及管理者的演说内容作为度量管理者过度自信的替代变量，分别从收购公司的管理者过度自信、目标公司的管理者过度自信两个维度对并购行为与公司绩效的关系进行分析，结果显示，收购公司的管理者过度自信，在并购完成后，无论是在短期绩效还是在长期绩效的表现上均呈现显著的负效应，当收购公司的规模较大时，经济后果的负效应表现得尤为显著；当目标公司的管理者存在过度自信倾向时，并购后只有短期绩效产生负效应。

按照 Roll（1986）提出的自大假说，在选择并购活动时，公司管理者首先要确定所选择的目标公司，而后开始对目标公司进行内在价值的评估。而评估的过程可能要涉及管理者自己所掌握的信息、目标公司的现状与管理出现的状况以及并购后所产生的协同效应。然后，收购公司管理者将完成的价值评估与目标公司的市值进行比较，如果发现自己对目标公司的估值高于其市值，那么管理者则认为目标公司被市场低估，具有并购价值，则会选择发起并购。

由于并购并不能通过协同效应或者其他方式创造财富，因此，如果公司管理者对目标公司价值的评估高于它的市场价值，那么可以肯定的是公司管理者在评估收购对象时犯了错误。那么，为什么公司还要进行收购呢？Roll（1986）认为，这是因为公司管理者相信自己对目标对象的评估比市场的评估更准确，公司的市场价值并没有充分反应目标公司的真正价值。同时他相信存在协同效应，而市场也没有充分反应两个公司合并后的真正经济价值。并购是由于公司管理者对自己的评估过度自信而产生的，而且公司管理者不会因为自己过去在并购中的错误而在收购方面小心谨慎，因为大部分公司管理者在自己一生中只能碰上少数几个并购机会。Hayward 和 Hambrick（1997）对 Roll（1986）的理论进行了实证检验。通过对 1989—1992 年交易价格超过 1 亿美元的 106 起并购案进行研究，发现：CEO 自大的四个衡量指标（收购方公司最近的业绩表现、媒体对 CEO 的赞誉、CEO 的相对报酬率和自大因子）与收购溢价程度高度相关。而且研究还发现，董事会对 CEO 的监督作用（用内部董事比例和两职合一来衡量）的缺失会强化 CEO 过度自信与并购溢价的关系。研究得出：并购之后收购公司股东价值受损，而且 CEO 越过度自信和并购溢价越大，股东价值损失越多。

Doukas 和 Petmezas（2006）提出了用自我归因偏差来解释 CEO 过度自信所导致的随着并购次数增加累计超额收益减少的现象。自我归因偏差使当事人将成功归因于自己的能力，而将失败归咎于外部环境和运气，自我归因偏差会导致当事人过度高估自身的能力。他们认为，由于 CEO 并购决策次数远远未达到可供学习的次数，从过去经验中学习的可能性较低，并购失败的潜在可能性比预期的要大，自我归因偏差导致过度自信比学习效应更能解释随着并购次数增加累计超额收益减少的现象。他们通过将单次收购者与多次收购者、多次收购者的第一次收购和高次收购的短期累计超额收益和并购后长期绩效进行比较发现过度自信收购者（多次收购者）比理性收购者（单次收购者）的短期累计收益更低，而且显示出较差的长期绩效，产生这种现象的原因是源于自我归因偏差的过度自信。Billett 和 Qian（2006）也证明了自我归因偏差的存在。这进一步支持了自大假说。

Malmendier 和 Tate（2003）虽然没有直接对自大假说进行测验，但他们研究了 CEO 的过度自信对并购交易的影响。他们认为 CEO 的过度自信表现在两个方面：一方面，CEO 们对自己通过合并创造财富的能力过度自信；另一方面，他们对自己为公司创造财富的能力过度自信，因此，他们认为自己公司的价值被市场低估。研究发现，过度自信的 CEO 更可能发起并购交易，而这些并购常常破坏股东的财富。具体地说，过度自信的 CEO 成功发起收购交易的概率是理性 CEO 成功发起收购交易的概率的 1.65 倍；公司内部资金充足时，CEO 的过度自信更提高了他们发起收购交易的可能性；过度自信的 CEO 发起的并购交易常常损害公司股东的财富。总体而言，在收购公司宣布收购另一家公司的前后三天中，收购公司的股票价格平均下跌 0.05%，但在过度自信的 CEO 宣布收购交易的前后三天中，收购公司的股票价格平均下跌了大约 0.08%。因此，过度自信导致并购并不是特定情况下的现象，而是一个普遍现象，过度自信应该是任何关于并购原因理论的一个重要部分。

在 20 世纪 70 年代末至 80 年代初之间，已有国外学者在探讨和研究中发现中国管理者存在过度自信倾向，并且过度自信水平较之西方研究对象表现更突出（Wright 等，1978；Wright 和 Phillips，1980；Yates 等，1989）。我国学者关于管理者过度自信对并购影响的研究起步较晚，郝颖、刘星和林朝南（2005）运用我国上市公司数据，对管理者持股数量的变化进行度量，对管理者过度自信与企业投资问题进行研究，结果得出：在我国制度环境下，过度自信管理者在公司的投资决策中更可能发起低效率的过度投资行为。叶蓓和袁建国（2007）对过度自信管理者对公司的投资与公司价值的影响的研究发现，管理者过度自信与企业投资现金流敏感性存在显著正相关关系；管理者过度自信对企业价值的提高会产生不利影响。王霞、张敏和于富生（2008）以我国非金融类 A 股上市公司为样本对管理者过度自信与企业的投资行为进行分析发现，过度自信的管理者会偏好过度投资。付强和方文俊（2008）采用企业景气指数对管理者过度自信进行度量，对我国管理者过度自信与并购决策进行实证研究发现，管理者的过度自信程度与企业的并购行为呈现显著正相关关系。史永东和朱广印（2010）的研究得出企业并购政策和管理者过度自信之间存在显著的正相关关系，过度自信企业实施的并购行为比同侪企业高20%左右，并且企业的内部治理结构和企业的并购决策之间不在存显著的相关关系。李善民和陈文婷（2010）、雷辉和吴婵（2010）的实证检验结果支持管理者过度自信对并购决策的正相关影响作用。肖峰雷、李延喜和栾庆伟（2011）的研究结果同样得出管理者过度自信与公司并购行为正相关，并且他们提出公司并购行为与上市公司业绩呈负相关关系。谢玲红、刘善存和邱菀华（2012）的实证分析结果表明，管理者过度自信与并购长期绩效显著负相关，与短期绩效也负相关，虽然统计上不显著。胡国柳和曹丰（2013）通过检验管理者过度自信程度、自由现金流与企业过度投资之间的关系发现，高管过度自信程度越高，公司过度投资现象越严重；高管过度自信程度越高，过度投资－自由现金流敏感性越强。然而，姜付秀、张敏、陆正飞和陈才东（2009）以上市公司盈利预测偏差与高管薪酬相对比例作为管理者过度自信的替代变量，研究过度自信管理者与企业扩张、企业财务困境的关系得到的结果是：管理者的过度自信水平与企业的内部扩张、企业的总投资水平呈现显著的正相关关系，但是与企业并购的关系却不显著。

通过上述对有关管理者过度自信与公司并购的中外文献回顾可以看出，对于管理者过度自信与并购间关系的研究中，最大的困难之一是如何度量管理者过度自信。这也可能是 Roll（1986）开创管理者过度自信条件下的并购研究后，很长时间都没有直接的实证研究的原因所在。从20世纪末开始，研究者们对管理者过度自信的度量进行了大胆的探索与创新，提出了一些替代变量，过度自信构建与度量的文献研究列表见表2-2。

在表2-2中，国内外学者在过度自信的度量指标上进行了不断的探索与创新，尝试地提出了新的度量方法。

1）第三方媒体对管理者的评价

目前在西方，这可能是应用最广的方法之一，该方法在1997年首先由 Hayward 和 Hambrick 提出，他们收集了《纽约时报》等主流媒体对样本公司的 CEO 的各种评价，然后将这些评价归为六类，并通过对这些类别进行打分的形式来判定 CEO 是否过度自信，不过这些分类的类别过于

表 2-2　　　　　　　　　**过度自信构建与度量的文献研究列表**

过度自信变量的构建	过度自信变量的度量	研究学者及年份
CEO 的相对薪酬	CEO 相对于公司内其他管理者的薪酬越高，越易过度自信：CEO 的现金薪酬/现金薪酬位居第二位管理者的比值分析	Hayward 和 Hambrick（1997）
企业的历史绩效	企业历史绩效越好，管理者越易过度自信	Cooper 等（1988）
	（并购前 12 个月内股票价格的增加值 + 股利）/期初股票价格的比值表示管理者过度自信	Hayward 和 Hambrick（1997）
管理者的个人特征与公司特征	（1）主成分分析法； （2）提取年龄、学历、教育背景及任职期间四个变量并赋予一定权重； （3）构建过度自信指标	Barber 等（2001）；江伟（2010）
	（1）较年轻的管理者、公司的创始人管理者均表现出更高的过度自信水平； （2）公司的企业特征影响管理者的过度自信	Forbes（2005）
	创办人、继承人或持有半数以上股权的管理者是过度自信典型代表	Barros（2007）
	（1）主成分分析法； （2）提取个人特征、公司特征、董事会特征三大类因素的 15 个变量，筛选出其中相关性高的变量，提取特征大于 1 的因子进行 logistic 回归分析； （3）构建过度自信指标	饶育蕾和贾文静（2011）
消费者情绪指数	反映管理者对于未来企业和市场等的预期状况	Oliver（2005）
企业景气指数	以国家统计局公布的企业景气指数为基础，四个季度的行业景气指数的平均数作为过度自信的替代变量：如果景气指数>100，说明企业家是过度自信的；如果景气指数<100，则说明企业家是悲观的	余明桂等（2006）

39

管理者过度自信与企业并购行为研究

过度自信 变量的构建	过度自信变量的度量	研究学者及年份
管理者偏离校准的程度	管理者过度自信对数量估计的置信区间太窄： （1）计算管理者对于股票市场预期收益率置信区间的设置； （2）股票市场上的股票收益率的实际值是否落在原估计的狭窄置信区间内； （3）明确管理者对预期收益率是否偏离校准； （4）判断是否过度自信	Ben-David、Graham 和 Harvey（2007）
主流媒体对CEO评价	（1）评价分六类：完全正面、主要是正面、中性、主要是负面、完全负面、无评价； （2）分别赋值为3、2、1、−1、−2以及0； （3）每个CEO的所有分值相加，分值越高说明过度自信程度越高	Hayward 和 Hambrick（1997）
	（1）评价分为三类：a.自信 b.乐观 c.不自信、可靠、稳健、务实； （2）（a+b）/c，比例越大，过度自信程度越高	Brown 和 Sarma（2006）
	（1）评价分五类：a.自信 b.乐观 c.不自信 d.不乐观 e.可靠、稳健、务实； （2）a+b>c+d+e，赋值为1，管理者过度自信；否则取值为0	Malmendier 和 Tate（2008，2011）
盈利预测偏差	过度自信的CEO在做盈利预测时会偏高：如果预测值−实际值>0，说明预测值偏高，如果样本期内偏高次数>偏低次数，说明CEO是过度自信	Lin 等人（2005）
股票期权和持股状况	管理者持有期权时间过长、持有期权直到过期或在样本期间内持有的本企业股票数量增加，说明管理者过度自信	Malmendier 和 Tate（2008，2011）

复杂而且不够直观。2005 年，Malmendier 和 Tate 对这一方法进行了修正，将主流媒体对 CEO 的评价划分为自信、乐观、不自信、不乐观、可靠及稳健和务实等类别，以此来判定 CEO 是否过度自信。之后的一些学者也都在此基础上采用了类似的衡量方法。该方法被认为是一个很好的指标，但是如果深入分析会发现该指标存在以下问题：首先，它的前提假设是所有的公司和管理者都接受报道和采访。这与实际状况不相符。其次，该指标在某种程度上也具有潜在的内生性。因为媒体中的文章有可能正是由于分析管理者过度自信这一事件而出现的。最后，要想采用外界媒体对管理者的评价这个方法，必须得有发达的外界新闻媒介存在，而我国财经媒体还不够发达并且权威性不高。

2）管理者股票期权或持股状况

该方法由 Malmendier 和 Tate（2003，2005，2008，2011）开创性地提出。他们以管理者持有期权时间过长、持有期权直至过期或在样本期间内持有本企业的股票数净增加作为衡量管理者是否过度自信的标志，并对过度自信与企业投资之间的关系进行了实证检验。我国学者郝颖等（2005）也曾采用在样本期间内高管人员持有本企业的股票数是否净增加来衡量管理者过度自信，他们将三年考察期内持股数量不变的管理者判定为适度自信，将三年内持股数量增加且增加原因不是红股和业绩股的管理者判定为过度自信。对于股票期权和持股状况，理论上是可行的，但其使用的前提是要具备一个相对完善的资本市场。在我国，由于上市公司推行股票期权计划较少，股权激励在我国发展得并不成熟，同时上市公司高管持股状况的变化可能并不能完全反映管理者信心，而是存在内幕交易和信号传递等动机，因此目前通过股票期权和高管持有本公司股票状况并不一定能反映高管对本公司的盈利能力是否过度自信。

3）盈利预测偏差

该方法是由 Lin 等（2005）首先提出的，他们认为过度自信的 CEO 在进行盈利预测时一般会有偏高的倾向，并通过衡量 CEO 的盈利预测是否偏高以及在样本期内偏高的次数是否多于偏低的次数来衡量过度自信；Lin、Hu 和 Chen（2005）也在 2005 年以台湾上市公司管理者预测的年度盈利水平超过实际的年度盈利水平作为管理者过度自信的标志；Ben-

David、Graham 和 Harvey（2007）则是以美国公司的 CFO 为调查对象，通过美国杜克大学对企业的 CFO 就公司策略和公司短期预期等问题的季度调查来衡量 CFO 的过度自信程度；我国学者余明桂、夏新平和邹振松（2006）提出以上市公司年度业绩预告与现实的变化来衡量过度自信，并以上市公司年度业绩的乐观预告是否变化来进行稳健性检验，如在公司的第三季度报告中提出的业绩预告中，会呈现出乐观预期和悲观预期，若乐观预期的公司在年度结束后却发生了不乐观的现象，则表明管理者过度自信。此外，王霞等（2008）和姜付秀等（2009）也采用了类似的方法。由于我国上市公司的盈余预告披露是以强制性披露为主、自愿性披露为辅，因此，在实践中难以获得足够的数据；同时，上市公司年度业绩的预告还可能受到外部经济环境和公司信号传递等内在因素的影响，因此这一指标也不能很好地度量管理者的过度自信行为。

4）消费者情绪指数、市场情绪指数和企业景气指数

这种方法是以相关部门发布的情绪指数来作为管理者过度自信的衡量指标。如 Olive（2005）通过美国密歇根大学对美国消费者进行定期电话访问，以调查公众对当前以及预期经济状况的个人感受，进而模拟企业管理者感受来衡量管理者过度自信程度；而余明桂、夏新平和邹振松（2006）则采用我国国家统计局公布的企业景气指数来度量管理者过度自信。我国上市公司消费者情绪指数和企业景气指数都是宏观经济指数，数据易于取得。虽然从理论上来讲，消费者情绪指数可以反映出管理者对于未来的预期，但是作为一个特殊的群体，企业的管理者与普通的消费者在对未来经济状况的变化等方面的预测存在着明显的差异。到底能否采用这一指标来衡量管理者的过度自信程度还存在着争议，有待商榷；而企业景气指数属于景气指数的一种，与企业家信心指数一样，反应的都是行业整体的水平。尽管该数据特别易于获得，但是由于没有办法具体到各个上市公司，单独采用这一指标来反映管理者过度自信可能会影响研究结论。

Ben-David、Graham 和 Harvey（2007）采用的偏离校准方法也存在一定的问题。与心理学研究中常用的试验方法相类似，这种方法由于没有控制环境而显得它缺乏严密性。

通过以上有关管理者过度自信与并购的文献以及管理者过度自信变量

构建与度量的研究可以看出，虽然近年来有些文献研究了管理者过度自信与企业并购的关系，但可能是由于指标界定的困难，这一领域的文献仍旧有限。在我国，由于相关数据的可获取性不高，对管理者过度自信指标的科学与合理的界定更加值得商榷。

综上所述，借鉴 Odean（1998）对过度自信特点的概况总结：人们过高地估计自己知识的准确程度；人们过高地估计自己能够做好某件事情的能力，而且个人在某项任务中的重要性越高，他对自己能力的高估程度也越大；人们经常对自我的评价过高，大多数人认为自己比平均水平高，而且，大多数人对自己的评价要比别人对他的评价高等。Hambrick 和 Mason（1984）的研究认为，管理者的认知因素和价值观可能会影响其在并购决策中的行为，不过由于管理者的认知因素的不可观察性，他们采用的是管理者的个人特征（如年龄、性别、教育背景、职业路径等）及其异质性代表高管的认知因素和价值观，并考察这些代理变量对并购决策行为的影响（Scott 和 Davis，2006；Finkelstein 等，2009）。

从变量选择的合理性、数据的可获得性以及我国证券市场和上市公司的特殊情况，本书最终采用反映个体特征（年龄、性别、教育背景以及并购经验）的变量与反映管理者所处的外部环境（薪酬比例、两职兼任以及公司高管人数）的变量相结合的视角度量管理者的过度自信水平。

43

2.3　文献评述

通过对既往文献的回顾，我们可以获得如下启示：

（1）基于完全理性假设的理论认为并购行为来源于管理者的一己私欲心理，但许多研究发现，人们在现实中往往会表现出"利他"的行为倾向。对于企业管理者而言，他们往往会认为自己是忠于股东并积极在为股东创造价值，换言之，此时的管理者与股东的目标一致，传统的激励机制就不能解决这种并购动机，反而传统的激励机制会加重这种并购行为。例如，过度自信的管理者会高估未来的协同效应，而低估风险与损失，从而使并购损害公司价值。因此，管理者过度自信的研究为改进激励机制提供了依据，亦为委托-代理理论作了补充。

（2）从既有文献看，管理者过度自信这一主题近年来才引起学术界的注意，所形成的研究成果有待补充与发展，关于管理者过度自信与企业并购行为之间的系统研究更是少见，管理者过度自信是否会驱动公司的并购行为？是否对公司的并购对价选择以及并购溢价产生影响？管理者过度自信与公司并购的绩效关系如何？本书将对这些问题加以系统地研究。

（3）我国既有的相关研究大多是对国外相关理论的介绍与归纳，有待结合中国的实际情况和特点进行深入探讨，特别是根据中国的数据所做的经验研究。可能是这一领域才刚刚发展，加之我国证券市场还在不断完善中，与国外成熟的证券市场存在较大差距，难以获得相关数据。例如，在这一研究领域中，对管理者过度自信的度量是一个关键问题，但对既有文献所采用的度量方法来看，在我国难以得到很好的应用，这就需要去探寻更适合我国国情的度量指标。

第 3 章

制度背景分析

3.1 ——————— 上市公司并购的环境 ———————

中国的并购市场起步于20世纪80年代，在交易过程中政府干预的色彩浓重。其模式多为政府直接参与，采用自上而下的流程，政府作为企业的所有者在当中牵线搭桥。应该说，这一时期的并购重组缺少资本市场的作用，因而不能称其为实质意义上的企业并购活动。直至1993年9月的"宝延风波"，才正式揭开了我国并购市场发展的序幕。与此同时，随着股份制公司的发展和证券市场的规范，上市公司并购成为企业并购的重要组成部分。

并购重组已经被提升到国家战略的高度，在国家层面上，希望通过并购重组实现经济的转型、产业的升级；在产业层面上，希望通过并购重组实现产业的整合、结构的优化，消化过剩的产能；在企业层面上，希望通过并购重组实现企业的快速成长，提升竞争力。2013年10月8日，酝酿了三年的上市企业并购重组分道审核制终于开始实施。上市企业评价结果、财务顾问评价结果均为A类，并且上市企业兼并重组属于汽车、钢铁、医药等九大行业产业链整合，则该并购重组交易可以进入豁免或快速审核通道。分道审核制的实施除了有助于提高并购重组审核的效率外，还有利于化解钢铁、水泥等行业产能严重过剩的危机，实现市场资源的合理配置；此外，将上市企业规范运作水平和财务顾问执业质量与并购重组效率挂钩有利于"奖优限劣"，并培育专业化、具有竞争力和创新意识的中介机构。除分道审核制外，证监会正在积极推动并购重组领域市场化改革，并争取在降低并购重组时间成本、丰富与完善并购重组支付工具、调整股份定价弹性等方面有所突破。政府只有创造良好的并购重组生态环境，才能使并购重组的顺利进行，从而实现市场资源优化配置、经济效率有效提升的最终目的。中国上市企业并购重组市场的平均交易规模由2004年的1.558亿美元增至2012年的2.764亿美元，累计增幅达77.41%。并购重组领域的市场化改革将促使原本就热的并购重组市场再掀热潮，这也正是中国经济转型的必然体现。

3.2 —————— 上市公司并购的交易特征 ——————

3.2.1 我国上市公司并购交易情况

进入21世纪，随着我国经济的高速发展，并购市场也进入高速发展阶段。根据国泰安数据库的筛选及手工整理，得到2004—2012年中国上市公司并购交易情况表（见表3-1）以及2004—2012年中国上市公司并购发展趋势（如图3-1所示）①。

表3-1 **2004—2012年中国上市公司并购交易情况表** 金额单位：亿美元

年份	交易数量	总交易金额	平均交易规模
2004	527	820.98	1.558
2005	410	413.24	1.008
2006	512	864.32	1.688
2007	1 031	4 103.33	3.980
2008	1 061	3 631.76	3.423
2009	1 028	7 087.24	6.894
2010	1 216	3 836.39	3.155
2011	1 308	3 297.98	2.521
2012	1 514	4 185.01	2.764

数据来源：国泰安数据库。

注：此处交易数不含未披露交易总价的交易。

① 只包含沪深两市的主板A股上市公司，且上市公司为并购中的收购方。

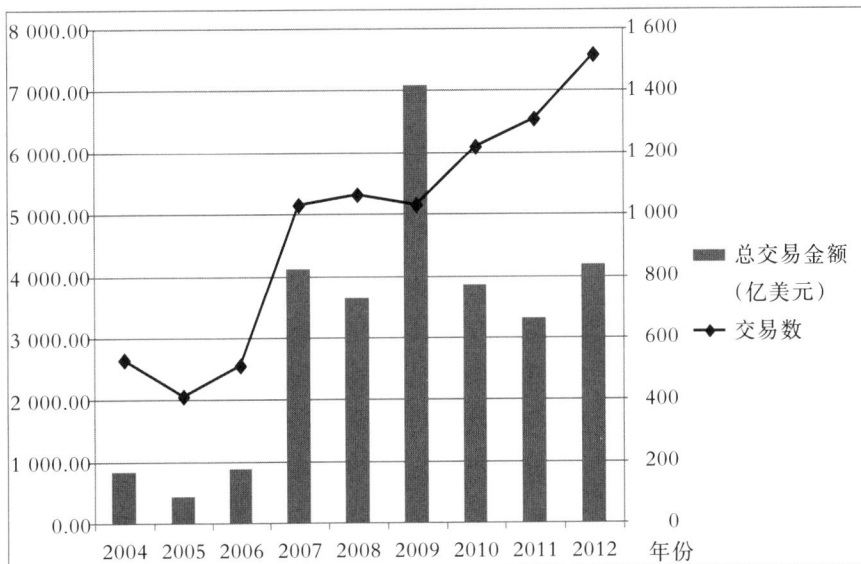

图 3-1　2004—2012 年中国上市公司并购发展趋势

从表 3-1 的数据以及图 3-1 的趋势可以看出，在 2007—2009 年，由于我国的并购受到国际金融危机的影响，并购交易数量处于高位趋稳水平，总体来看，自 2004 年以来我国上市公司的并购事件呈现逐年快速递增的态势，由于在国家以及政府相关政策与并购贷款的扶持下我国企业在海外并购交易的巨额投入，使得 2009 年的并购总交易金额与平均交易规模表现尤为突出。Martynova 等（2011）提出，并购交易一般与宏观经济环境、政策制度等因素的变化调整密切相关。纵观我国上市公司的并购交易趋势，2004 年，国家颁布了《企业国有产权转让管理办法》，从制度上规范了国有产权转让全过程，加快了我国国有企业股份制改革的步伐。2005—2006 年处于政策的调整期，上市公司对并购交易活动更加谨慎（Zephyr，2005），对并购交易持观望态度。随着我国上市公司股权分置改革的逐步完成，2007 年并购交易数量大幅增长，虽然全球资本市场在 2008 年受到金融危机的冲击，但是由于我国《上市公司收购管理办法》第六十三条的修订，使得我国并购交易的数量仍然保持着高位趋稳的迅猛势头。随着中国经济实力迅速增强，上市公司所处的经济环境显著改善，国家相继出台了一系列鼓励企业间并购的政策法规，同时由于国内市场竞争日趋激烈、我国企业海外并购经验增加等，实际上，已使国内与海外的并购成为我国上市公司做大做强的一个重要手段，其并购交易逐步频繁，规模也不断扩大。

然而，在"做大做强"的表面之下，带给我们的深层思考是：我国并购的发展历史不长，而目前众多企业沉浸在并购热潮中，但是如此大量的并购事件是否为企业带来了核心技术，为股东创造了价值？答案当然是否定的，其中大量企业的并购行为是背离客观实际情况，盲目进行的非理性选择，这样的并购非但没有促进企业的壮大与发展，反而可能将企业置于财务困境之中。

3.2.2　我国上市公司并购交易的频率分布

2004—2012年中国上市公司并购频率情况表见表3-2。

表3-2　　　　　**2004—2012年中国上市公司并购频率情况表**

A栏　按年度汇总								
年度	2004	2005	2006	2007	2008	2009	2010	2011	2012
并购交易数量	376	308	377	648	714	648	754	793	866

B栏　按并购次数汇总				
并购次数	1	2	3	大于3次	高频（≥2次/年）
并购交易数量	3 136	1 201	507	640	2 348

数据来源：国泰安数据库。

注：此表交易数量不含未披露交易总价的交易。

根据表3-3的数据，从总体来看，2004—2012年并购交易的频率呈逐年上升趋势，2012年的并购频率为2004年的2倍多。在样本研究的9年里，上市公司发生1次并购交易的为3 136例，大于3次并购交易的为640例，而每年发生2次并购交易的（高频并购交易）多达2 348例。

正如上文所述，中国上市公司这种活跃的并购行为是与整个资本市场走势、国家的政策扶持以及外资企业的竞争密切相关的。企业为了能够在弱肉强食、竞争激烈的市场中长期存在，必须要提高生产效率、扩大市场份额，提高其竞争力，因此企业与管理者将并购视为企业可以快速完成以上目标的不二之选。但是，高频的并购却无法使管理者从已完成的并购活动中充分学习并购经验，无法使企业真正从并购活动中获得预期的协同效应，因此，高频并购可能会导致过度自信的管理者盲目地对企业"做大做强"，而实际的并购绩效不如人意。

3.2.3　我国上市公司并购交易的行业分布

表3-3以及图3-2从并购样本的行业分布角度，分别按照并购交易数量占总样本比例的升序与降序进行排列，报告了我国上市公司在2004—2012年各行业并购交易的行业分布情况。

表3-3　　**2004—2012年中国上市公司并购样本的行业分布（按收购方）**

行业代码	行业名称	行业样本容量	占总样本的比例
C2	木材及家具	47	0.55%
I	金融业	69	0.80%
L	传播与文化产业	85	0.99%
C9	其他制造业	86	1.00%
C3	造纸及印刷	129	1.50%
A	农/林/牧/渔	176	2.04%
C0	食品和饮料	260	3.02%
E	建筑业	268	3.11%
K	社会服务业	268	3.11%
C5	电子及光电设备	302	3.51%
F	交通运输/仓储业	313	3.64%
B	采掘业	323	3.75%
C1	纺织及服装	327	3.80%
M	综合类	366	4.25%
D	电力/煤气及水的生产和供应业	371	4.31%
H	批发和零售贸易	542	6.30%
C8	生物技术/医疗健康	581	6.75%
G	信息技术业	642	7.46%
C6	金属和非金属	664	7.71%
C4	化工原料及加工	744	8.64%
J	房地产业	748	8.69%
C7	机械制造	1 296	15.06%

数据来源：国泰安数据库。

49

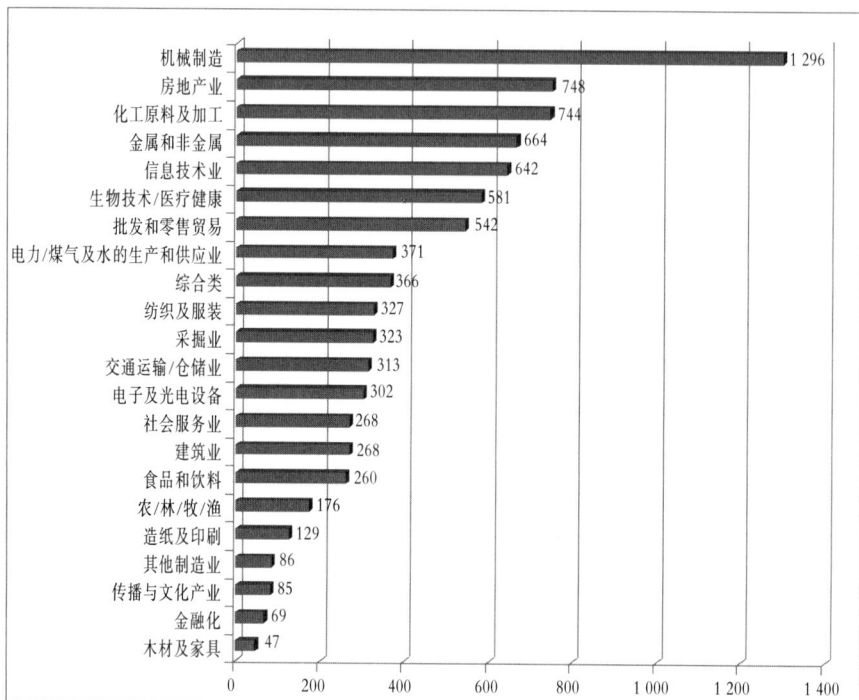

图3-2　2004—2012年中国上市公司并购样本的行业分布趋势图（按收购方）

从表3-3及图3-2可以看出，我国并购交易所涉及的行业越来越多，传统行业中的机械制造、房地产业以及化工原料及加工的并购交易数量仍位列前三，分别以1 296、748、744例分别占并购交易总数量的15.06%、8.69%、8.64%。传统行业仍然是并购交易发生的主要领域，IT行业在并购领域中已由最初的新兴行业逐步发展为传统行业，为了发展核心技术，防止人才流失以及吸引风投，IT行业内部的并购交易愈演愈烈。张岚（2007）指出，行业冲击是造成我国并购浪潮的重要原因，不同行业对同一时期并购浪潮的反应各异。在我国的传统行业内，上市公司面临着较大的产业升级压力，随着政府的政策干预以及外资企业的竞争，该行业内的上市公司可能会采取连续并购的方式快速扩张规模，提高自身在国际竞争中的实力。传统行业中的并购事件仍是我国并购交易的主要发生领域，而国有企业的并购交易主要集中在传统行业中，传统行业的景气度较低，而国企改革将使国企将做强作为经营重点，在并购活动中使国有资产的保值增值。

3.2.4 我国上市公司并购交易的对价方式情况

表3-4从并购样本的行业分布角度，报告了我国上市公司在2004—2012年各行业发生的并购交易的对价方式选择情况。

表3-4 2004—2012年中国上市公司并购样本对价方式的行业分布

行业代码	行业名称	现金对价	所占百分比	股权对价	所占百分比	其他对价方式	所占百分比	合计数量
A	农/林/牧/渔	705	1.89%	14	0.04%	23	0.06%	719
B	采掘业	752	2.02%	42	0.11%	20	0.05%	794
C0	食品和饮料	1 323	3.55%	28	0.08%	40	0.11%	1 351
C1	纺织及服装	1 553	4.16%	35	0.09%	32	0.09%	1 588
C2	木材及家具	154	0.41%	2	0.01%	6	0.02%	156
C3	造纸及印刷	642	1.72%	3	0.01%	18	0.05%	645
C4	化工原料及加工	3 103	8.32%	132	0.35%	78	0.21%	3 235
C5	电子及光电设备	1 735	4.65%	24	0.06%	33	0.09%	1 759
C6	金属和非金属	2 405	6.45%	136	0.36%	48	0.13%	2 541
C7	机械制造	5 261	14.11%	227	0.61%	126	0.34%	5 488
C8	生物技术/医疗健康	2 320	6.22%	72	0.19%	41	0.11%	2 392
C9	其他制造业	352	0.94%	6	0.02%	7	0.02%	358
D	电力/煤气及水的生产和供应业	1 263	3.39%	48	0.13%	34	0.09%	1311
E	建筑业	928	2.49%	36	0.10%	34	0.09%	964
F	交通运输/仓储业	1 117	3.00%	35	0.09%	21	0.06%	1 152
G	信息技术业	2 628	7.05%	93	0.25%	49	0.13%	2 721
H	批发和零售贸易	2 092	5.61%	63	0.17%	34	0.09%	2 155
I	金融业	436	1.17%	11	0.03%	11	0.03%	447
J	房地产业	3 074	8.24%	87	0.23%	38	0.10%	3 161
K	社会服务业	1 071	2.87%	40	0.11%	32	0.09%	1 111
L	传播与文化产业	237	0.64%	25	0.07%	6	0.02%	262
M	综合类	2 132	5.72%	56	0.15%	61	0.16%	2 188
	合计	35 283	94.62%	1 215	3.26%	792	2.12%	37 290

数据来源：国泰安数据库。

从表3-4的数据可以看出位于并购数量排行之首的机械制造的并购交易中采用现金对价的交易数量是 5 261 例，占行业现金对价比重的14.11%，约占机械制造并购交易样本的96%；化工原料及加工采用现金对价的交易数量是 3 103 例，占行业现金对价比重的8.32%，约占该行业对价方式的96%；房地产业采用现金对价的交易数量为 3 074 例，占行业现金对价比重的8.24%，约占房地产业并购支付方式选择的97%；农/林/牧/渔、木材及家具、造纸及印刷三个行业采用现金对价的并购交易几乎占对价方式比重的100%。总体来看，我国各行业上市公司在并购交易的支付中，约95%的交易选择采用现金对价，所占比重极大，选择股权对价或其他对价方式（如承债支付、资产支付和混合支付）的只有约5%。可见，现金对价是目前我国各个行业上市公司发起并购交易的所采用的主要对价方式，而股权对价方式却未被上市公司所广泛采用，在我国并购交易的对价方式中所占比重微小，因此我国并购交易的对价方式显现为极为单一的形式。或许是因为我国上市公司并购的动因可能并非是市场选择，也可能在一定程度上反映出了有关我国并购对价方式发展的相关制度还不够完善。

3.2.5 我国上市公司并购溢价情况

表3-5与图3-3分别报告了我国上市公司2004—2012年并购溢价情况以及趋势图。

表3-5　　　　**2004—2012年中国上市公司并购溢价情况表**

年份	交易数	并购溢价的交易数	所占比例（%）
2004	120	21	17.50%
2005	252	59	23.41%
2006	69	10	14.49%
2007	186	38	20.43%
2008	191	87	45.55%
2009	164	44	26.83%
2010	261	108	41.38%
2011	485	286	58.97%
2012	778	468	60.15%
合计	2 506	1 121	44.73%

数据来源：国泰安数据库。

注：交易数为交易总价和交易标的市值均有披露的数量。

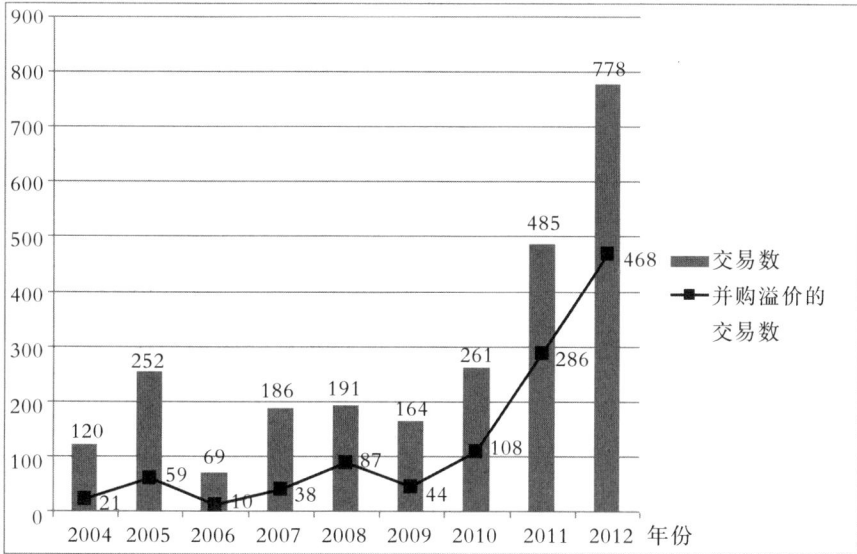

图3-3　2004—2012年中国上市公司并购溢价情况趋势图

　　通过表3-5与图3-3可见，在2004—2012年上市公司的并购交易
中（剔除并购交易总价与目标公司净资产数据未披露的交易），并购
溢价现象普遍存在。其中，由于我国一系列与并购相关的法律法规的
出台与陆续实施，以及国内股权分置改革的进行，企业对于并购采取
谨慎与观望态度，致使2006年的并购溢价随着交易量的减少而降低，
发生并购溢价的交易占交易量的比值为14.49%，2007年发生并购溢价
的交易占交易量的比值为20.43%。此外，由于受到国际资本市场金融
危机的影响，上市公司在并购中的支付更为保守，2009年发生并购溢
价的交易占交易量的比值为26.83%。总体来看，随着并购交易数量的
增加，并购溢价亦随之呈上升趋势。尤其在2011年与2012年，发生
并购溢价的交易约为总交易量的60%。并购可以使企业获得规模效
应、扩大市场份额并迅速进入全新的领域，但是并购的定价是否恰当
与合理、收购公司向目标公司支付的资产溢价决定了并购最终的成功
与否。

3.3 ————————— **收购公司的企业特征** —————————

3.3.1 企业治理结构

我国上市公司的治理，在治理结构上存在的差异主要体现在实际控制人类型、股权制衡度、股权集中度、独立董事比例等方面。治理结构会影响管理者过度自信心理，甚至有学者认为，管理者过度自信就是公司不合理的治理结构所导致的。管理者过度自信心理的形成和增强与管理者在企业管理中过大的控制权、较弱的信息反馈有着相关关系。

股权集中度高、股权制衡度弱、缺少有力的外部监督和制约会促使两职合一的管理者的经营决策体现为更强的过度自信倾向，并且其过度自信心理往往难以及时做出调整；与此相反，管理权配置相对分散、股权制衡度强、董事会结构合理的企业，其管理者的决策和行为体现为更多的监督和制约，表现出的过度自信心理偏差较为轻微。另外，由于我国特殊的国情，上市企业中国有控股的企业较多，国有控股企业存在着所有者缺位问题，很难有效地施行对管理者的监督作用，故其管理者的过度自信程度会更高，管理者过度自信与企业实际控制人类型之间存在着相关关系。

3.3.2 现金持有量

在并购交易中，收购公司的最终目的就是要迅速得到目标公司的资产或股权，而目标公司的目的就是换出资产或股权从而获得能给自己带来稳妥收益的资源。所以说，在并购交易双方利益均衡的条件下，现金无疑是最容易让并购交易双方都愿意接受的对价方式。此外，现金对价的简单便捷、能确保收购公司控制权不被转移与保证目标公司收益稳定的优点也决定了其深受并购双方的喜爱。Netter（2010）在综合比较世界各国并购交易中对价方式比重时发现，现金对价方式比重是最高的。因此，收购公司会认为大多数的目标公司都会愿意接受或要求采用现金对价。

Jensen（1986）认为当企业拥有大量可以支配的自由现金流量时，高管会采取更加激进的投资行为。对于过度自信管理者来说，当公司拥有足够的内部资源时，他们会比非过度自信的同侪更大概率地选择并购，原因是过度自信管理者会高估自己公司的收益，认为投资者低估了公司的价值，而当没有足够的现金持有量、需要外部融资以完成并购时，他们往往会放弃可能净现值大于零的并购机会。

3.3.3 资产负债率

企业的"债务悬置"可能会影响管理者的投资行为。公司的资产负债率较高，存在负债经营的前提下，可能存在的发生财务困境与破产风险的高概率会对管理者的并购行为形成一定约束作用。Aghion 和 Bolton (1992)提出债务人向债权人借款，并承诺在将来的某一时刻按照契约中的某些条件予以偿还。如果债务人按照契约履行就会保留资产的控制权；否则，控制权就转移给债权人。所以，由于受到债权人的监督，负债率高的企业经常面临偿还债务本息的资金压力，管理者的行为也会变得更加谨慎和保守，甚至可能放弃净现值为正的并购项目。同时，Bergolf 和 Thadden（1994）的研究指出，债务悬置的约束作用主要体现在可以阻断新的资金流入，换言之，阻止管理者进行投资的最好办法就是使其无法筹集资金。因此资金的约束也会缓解管理者的盲目并购。

3.3.4 企业规模

企业是一种基本的社会组织，研究发现企业规模大小会影响企业管理者的投资行为。首先，企业规模越大，经营越稳定，越容易获得成本较低的融资机会，因此，管理者所在的企业的规模较大，其更倾向于选择发生并购。这种规模效应的产生主要是由于小规模公司将来所产生的较低的盈利能力使其产生财务困境风险的概率增加（Fama 和 French，1993）。此外，企业规模大小往往直接影响管理者所掌握和处理的信息量。Oskalnp（1982）的案例研究发现，掌握和处理的信息量与决策存在一定的联系。信息量的多少和预测的精确性之间的关系是非线性的，在初始阶段，随着信息量的提高，预测的精确性会逐渐提高；当信息量达到临界值时，预测的精确性相应地达到了最大值；在此之后，信息量的继续增加，只会继续增加决策者对自身判断准确的过度自信程度，却无益于决策判断的准确性。规模较大企业的管理者必须面对和处理的信息量较大，过大的信息量容易使管理者变得过度自信，从而发起低效率的并购活动。

3.4 —— 收购公司管理者过度自信的行为特征 ——

随着我国法制建设进程的加快及改革开放的逐步深入，我国企业正在逐步建立和完善现代企业制度，从西方引进的公司治理模式也逐渐被我国企业所采用，但不可否认的是，在传统儒家文化的影响下，我国企业管理者在决策中表现的过度自信认知偏差可能较西方国家的同侪更为严重。

在中国的传统文化中，儒家文化根深蒂固，在现今的社会中它对主流社会的影响仍然处于不可逾越的地位。儒家文化所重视的君臣伦理观念对中国企业中的管理者决策行为产生了重大影响。在企业里，下级服从上级是天经地义的事情，下属非常重视对上级的服从。这种对管理者的权威性的强调，极易导致企业管理者对自己的决策以及行为产生过度自信认知偏差，他们可能会低估并购项目所存在的风险，高估自身的能力，对并购项目未来所产生的收益过于乐观。

此外，虽然我国经济环境经过多年的改革，发生了革命性的变化，但是从根本上来看，我国的市场经济仍处于不成熟阶段，大多数企业的组织结构高度集权以及企业内外部的约束机制不够完善，管理者的意志对企业具有决定性影响，而股东大会、职工大会、监事会、独立董事等所谓的设置不过是管理者手中的工具而已，并不能真正地起到其应有的作用。这种治理环境尚不足以对具有权威感的管理者构成有效约束以及减少其具有过度自信认知偏差的决策与行为。

以上两方面的共同作用可能会导致我国企业管理者表现出更高程度的过度自信认知偏差。

3.5　本章小结

　　本章在分析我国上市公司所处的特殊的并购环境的基础上，研究上市公司的并购交易特征、收购企业自身的企业特征与收购公司管理者过度自信的行为特征。通过搜集与整理我国上市公司2004—2012年的并购交易、并购频率、并购行业分布、并购的对价方式以及并购溢价情况的详细数据，进一步对其进行描述性统计分析，为后续章节的实证分析提供数据基础。最后通过对我国并购交易中收购公司的企业治理结构、现金持有量、资产负债率、企业规模等企业特征的分析及收购公司管理者过度自信的行为特征的分析，研究中国企业特征对我国管理者过度自信心理偏差的影响。

　　（1）在对并购交易特征的统计性分析中发现，并购作为企业获得规模效应、扩大市场份额和迅速进入全新商业领域方面的方式，以及帮助企业迅速获得上市公司"壳资源"的便捷途径，广受公司管理者的青睐。随着我国有关并购的各项制度法规的出台，并购交易的数量迅猛增长，随之而来的还有并购的高频率发生、现金对价的采用以及并购过程中的过度支付，以上这些并购的交易特征对并购最终的成功与否至关重要，因此通过在后续章节对以上交易特征的进一步实证研究，能够帮助我国上市公司提高并购效率。

　　（2）通过分析我国上市公司的企业特征得出以下结论：对于我国上市公司，不同的企业治理结构，对管理者所产生的激励与约束作用存在差异；公司的现金持有量直接决定着管理者的并购决策以及并购中的对价方式；企业的资产负债率会对过度自信管理者的并购决策产生一定的抑制作用；企业的规模越大，管理者所拥有的禀赋越多，越容易产生过度自信心理；我国由于特殊国情，国有控股企业较多，这种所有者缺位的治理结构将导致管理者的过度自信程度偏高。

第 4 章

管理者过度自信对并购行为影响的理论分析

March 和 Simon（1958）、Cyert 和 March（1963）的研究认为，复杂的决策是综合考虑多重影响因素的结果而不只是寻求经济的最优化，在他们看来，决策者的有限理性、多重甚至相互冲突的目标、选择的多样性以及不断改变的期望水平都使复杂决策不能仅仅依靠技术-经济的分析。一般而言，决策越复杂，研究就越需要引入与运用行为学的理论进行分析。Kahneman、Slovic 和 Tversky（2013）对人的决策过程进行描述：在有风险和无风险的两种情况下，我们对影响决策的认知因素和心理因素进行了讨论。价值的心理物理学效应（Psychophysics Effect）导致人们在盈利时厌恶风险，而在亏损时追求风险；也导致人们过分青睐确定性事件和不可能事件，不同于理性选择那样具有恒定的标准，决策时因为不同的描述和框架而产生不同的偏好。因此，当面对未来的不确定性事件时，人们的判断和决策往往受到心理因素的影响而产生认知偏差。

公司管理者进行决策时亦遵循上述模式，其行为模式不仅受心理因素的影响，而且还因为管理者面临的决策环境的复杂性以及项目未来的高度不确定性而发生偏差，这种行为模式的非理性偏差可能更为明显。由于决策的高度不确定性、管理者的个人特征，例如我国的传统儒家文化的森严的等级思想，使得公司的领导者获得绝对的决策权威性，基于我国经济转型期间的制度背景，国有上市公司所有者缺位带来的内部人控制以及"一股独大"的股权结构都可能导致企业控制权转移到管理者手中。另外，民营企业快速发展，随之出现许多成功的民营企业家，其作为公司的创始人，同时负责公司的管理与经营活动，使得他们在企业中具有绝对的话语权与决策权。同时，我国企业的内、外监督机制尚未构建成熟，经理人市场尚需完善。因此，管理者本身的人格特征以及其所处的特定背景与地位、多年的成功经验以及自我归因强化等因素会使管理者产生非理性的认知偏差，他们常常高估自己的决策能力而低估失败的风险，从而使其过度自信的心理偏差表现得更为突出。

4.1 　　　　　　　　前景理论

　　传统金融学理论认为，决策过程是依据自身的财富以及不同结果的发生概率而做出的一种最优选择。因此，这种决策过程需要建立在已对相关信息进行分析的基础上。然而，在经济活动中，非理性因素的影响却不容忽视，决策过程存在大概率的非理性偏差行为，因此决策结果也必然和预期值存在一定的出入。

　　著名心理学家、普林斯顿大学 Kahneman 教授和斯坦福大学 Tversky 教授在 1979 年将决策和判断的心理学研究成果与经济学有机地结合起来，提出了著名的"前景理论"（Prospect Theory），证明了个体在不确定条件下的多数判断与决策都偏离了传统的经济学理论，特别是偏离了期望效用理论[①]。他们认为个体在进行决策的同时，也是对前景进行选择。所谓的前景，指的是各种风险结果或期望。前景理论所遵循的是人们的心理规律而非期望效用。两位学者发现了一系列影响人们进行非理性选择的因素，如个体的行为不仅受到利益的驱使，而且还会受到自己的"灵活偏好"及个体的心理特征、价值观、信念等多种心理因素的影响。因此前景理论更符合心理学的观察结果，能更真实地描述管理者在不确定情况下关于并购的"偏好与决策"的心理。前景理论解释了管理者在对并购后的协同效应

---

　　① 　期望效用理论（Expected Utility Theory）最早是由 Daniel Bernoulli 提出的，用于解释赌博和保险中的期望值。该理论指在风险情况下，个人所作出的选择是追求某一数量的期望值的最大化。

未知与不确定的情境下，将会做出背离理性的选择。表现出过度自信的行为倾向。Kahneman教授因此而获得2002年的诺贝尔经济学奖，被誉为行为经济学的开创者。从此，学者们开始将研究视角投向经济现象背后的以心理分析和经济运行规律有机结合为基础的行为经济。

　　前景理论指出，人们做出的任何选择和决策都依赖一定的程序，现实中的决策者所经常采用的是"启发式"（Heuristics）决策程序。这种程序不需要决策者完全理性，也无需决策者进行完全的精确计算后再进行选择。前景理论认为，在对未来不确定的情境下做出的决策相当于决策者针对未来不同的"前景"进行选择。选择通过两个过程被模型化：第一，决策者运用不同的决策启发程序对前景进行"编辑"；第二，通过应用价值函数对被编辑的前景进行选择。编辑过程有两个含义：一是通过启发式程序对前景所包含的信息进行过滤，从而提炼出自己认为有用的信息；二是有意识地忽略一些信息（即理性无知）。经过编辑，当事人对经过过滤与精炼的前景进行估价，这种估价通过一个价值函数来完成。

　　假设人们在衡量决策的损益时所用的前景理论函数为：

$$U = \omega(p_1)v(\chi_1) + \omega(p_2)v(\chi_2) + \cdots,$$

　　其中，χ_1，χ_2…是各种可能的结果，p_1，p_2，…是这些结果发生的概率。v代表"价值函数"（Value Function），表示不同的可能结果在决策者心中的相对价值。ω是"比重函数的概率"，用以表达人们对概率的反应。

$$v(\chi) = \begin{cases} \chi^{\alpha} & (\chi \geq 0) \\ -\lambda(-\chi)^{\beta} & (\chi < 0) \end{cases}$$

　　v是决策产生的价值；χ是表面价值，如金额的损益，若为收益则为正，损失则为负。

　　价值函数如图4-1所示。

　　横坐标表示事件的客观价值，"参考点"右侧是正值（收益），左边是负值（损失）。纵坐标表示决策者对事件价值的评估，称为效用（Utility）。根据前景理论，价值函数的曲线，应当穿过中间的"参考点"：与参考点相同的结果被感知为中立，类似于适应性水平；在参考点

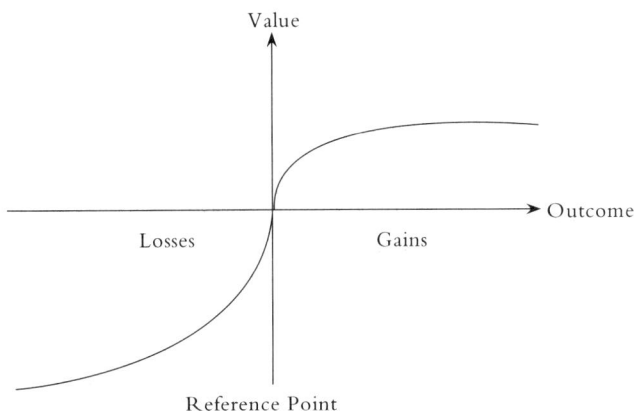

图4-1　价值函数

之上的结果被感知为收益，位于其下的为损失，并形成一个如图4-1所示的S形曲线。在曲线上，我们可以看到参照点的位置。前景理论认为，问题描述的很小的变动就可以改变中心参考的位置，从而改变人们关于损失和收益的想法，并最终影响决策。如果相对某一参考点，某项结果看来是一种收益，那么决策者会倾向于回避风险，选择比较保守的那个选项；而如果相对于另一参照点，某项结果看来是一种损失，那么决策者会倾向于趋近风险，选择比较冒险的那个选项。也就是说，人们在面临条件相当的赢利前景时，更加倾向于实现确定性赢利（风险规避[①]），而面临条件相当的损失前景时，更加倾向于冒险赌博（风险偏好[②]）。

　　根据Kahneman和Tversky（1979）提出的前景理论，人们的判断和决策是基于感觉、知觉、记忆、思维及语言等认知心理过程，经常运用启发式直觉判断。这种启发式认知方式往往会产生决策偏差。而且，由于决策者各自的价值偏好、人格特征、信念与情感等因素的影响，在决策过程中容易产生过度自信现象。在企业的并购决策中，管理者的行为表现可以借助前景理论进行解释。

　　当面对未知与不确定的并购结果时，管理者需要在并购决策前权衡该

----

　　① 风险规避，意味着个体具有一种强烈的维持现状倾向，因为失去现状的弊远大于利。Samuelson和Zeckhauser（1988）对该现象进行了论证，他们称之为现状偏见。
　　② 风险偏好，意味着在投注者财富水平给定的条件下，他愿意接受不公平的博彩。在另一个财富水平上，同样的风险偏好者可能会成为风险规避者。

项目将会产生的利弊，其可能会从过去的并购经历中获取重要的信息，即管理者对行将开展的并购的可行性评估可能是基于过往经验是否可以轻松地猜想到并购的结果。首次并购的成功使管理者产生过度自信，从而使其在以后的并购活动中产生高估并购协同收益的倾向并且往往产生过高的并购溢价水平，最终导致越来越差的并购绩效（Billett 和 Qian，2005；Doukas 和 Petmezas，2007）。

Heaton（2002）对过度投资模型引入了更广泛的抽象的投资不足前景理论模型。管理者会倾向于高估并购项目的未来收益与外部融资的成本。外部资金成本增加是由于过度自信的管理者认为外部投资者低估了公司股票的价值，从而使他们产生对外部资源的规避。如果净现值为正的并购项目需要外部融资，那么 CEO 可能会选择放弃该并购项目。换言之，与理性的同侪相比，拥有低水平自由现金流量的过度自信 CEO 会表现出对优良的并购项目投资不足，而拥有较高水平自由现金流量的过度自信 CEO 又表现出对并购项目的过度投资。

Gervais、Heaton 和 Odean（2003）通过包含实物期权的三期二阶段资本预算模型，对过度自信的管理者与企业投资的关系进行了考察，研究发现，风险厌恶可诱使管理者推迟投资，从而减少股东价值；而过度自信可抵消风险厌恶，过度自信的管理者在做出投资决策前很少犹豫，这是因为过度自信的管理者低估了项目实施的风险，并且高估了项目的净现值，因此过度自信的管理者在进行投资项目决策时比较果断。

4.2 ———————— 高层阶梯理论 ————————

由于管理者是公司战略决策的主体，将公司的经营权与决策权集于一身，因此管理者的个人特征将被反映在公司的决策中。Hambrick 和 Mason（1984）提出的"高层阶梯理论"认为，管理者的认知倾向（或认知偏差）和价值观可能会在充满未知与不确定性的商业环境中影响其并购行为，不过由于管理者的认知倾向的不可观察性，他们采用的是管理者的个人特征（如年龄、性别、教育背景、工作经验等）及其异质性反映认知倾向，并考察这些代理变量对并购行为的影响。

人们生下来即有区别，例如身高、体重、性别等，然而哪些差异会与其工作决策相关？相关研究证明，管理者的年龄、性别、教育程度、工作经验等个人特征都会通过影响管理者的认知倾向而对其在决策中的行为表现产生影响（Scott 和 Davis，2006；Finkelstein 等，2009）。

1）年龄

一些学者研究得出，年长的管理者大多经历过判断失误的挫折，这种挫败感会使他们减少对自身能力的过高评价，因此他们通常会在决策之前搜寻更多的信息，也会在决策过程中花更多时间进行分析；而年轻的管理者由于没有足够的时间和人生经历认识到可能步入的决策误区，同时又急于求成，因而他们往往高估自己判断力的准确性与决策的正确性。换言之，年轻的管理者往往比年长的管理者表现出更强的自信心。如 Forbes（2005）认为，相对于较年轻的管理者，年龄较长的管理者可能拥有更丰富的经营与管理经验，因此他们过度自信的程度可能比较弱。

2）性别

既有的文献证据表明，相对于男性，女性更保守，她们更倾向于规避风险（Johnson 和 Powell，1994；Jianakoplos 和 Bernasek，1998；Levinet 等，1988；Sunden 和 Surette，1998；Byrnes 等，1999）。Schubert（2006）认为，与男性相比，女性往往会选择规避损失，她们会选择较少地承担极端的风险。Martin 等（2009）提出，由于研究发现伴随着女性 CEO 的任命，资本市场风险度量也随之降低，所以市场已经察觉到风险规避中的性别差异。总而言之，管理者对于风险的承受能力由于性别的差异而广泛地影响着公司的财务绩效与报告。但是也有学者认为过度自信并不存在性别差异，如 Biais 等（2005）。

3）教育背景

一般认为，管理者受教育的程度越高，其自信程度可能会越强，因为从心理学的角度讲，当决策出现好的结果时，管理者往往会将其归功于自己对决策所拥有的知识，而一旦出现坏的结果，管理者就会归咎为运气差。如 Heath 和 Tversky（1991）的研究结果表明，管理者在认为其对所做

63

的决策拥有更多的知识时，往往会更倾向于过度自信；Landier 和 Thesmar（2009）的研究也发现，教育程度越高、越拥有自己想法的企业家越乐观。

4）管理经验

Kirchler 和 Maciejovsky（2002）实验研究了个人在虚拟资产市场中进行活动时的表现，结果发现过度自信程度与经验有关，且随着经验的增长，过度自信的程度不断提高。Wolosin 等（1973）、Allen 和 Evans（2005）等也得到了类似的结论。但是在这个问题上学者们并没有达成一致，Loeke 和 Mann（2001）、Christoffersen 和 Sarkissian（2002）认为投资者过度自信的程度会随着经验的增长下降。Fraser 和 Greene（2006）的研究得出，随着管理者逐渐积累更多经验，他们可以通过经营过程中反馈的新信息了解自身的经营能力，从而不断地修正在公司决策中的个人认知偏差，因此，随着管理者经营管理经验的增加，过度自信行为会随之减少。管理经验对过度自信水平的影响是增强抑或缓解，还要取决于二者的相对强弱。

4.3 自我归因偏差理论

自我归因偏差理论认为，个体会表现出将过去发生的成功归功于其自身的能力而非外在的因素的倾向。Bem（1965）和 Odean（1998）的研究中都表明，人们通常不愿将失败归结为自身的原因，因为这会让他们觉得非常沮丧，所以当不好的结果出现时，人们往往会倾向于将责任推卸给客观环境。Gervais 和 Odean（2001）对投资者的行为进行了研究，发现投资者存在自我归因偏差，将投资成功归功于自己的投资能力，从而更容易变得过度自信。同样，企业高管们也会认为自己之所以能成为企业高管是自己的能力使然，因此很可能变得过度自信。

Doukas 和 Petmezas（2006）提出了自我归因偏差导致 CEO 过度自信来解释随着收购次数增加导致累计超额收益减少的现象。自我归因偏差会使当事人将成功归因于自己的能力，而将失败归咎于外部环境和运气，自我归因偏差会导致当事人过度高估自身的能力。他们认为，由于 CEO 并购决策次数远远未达到可供学习的次数，从过去经验中学习的可能性低，并购失败的潜在可能性比预期的要大，自我归因偏差导致过度自信比学习效应更能解释随着并购次数增加导致累计超额收益减少的现象。他们通过比较单次收购者比多次收购者、多次收购者的第一次收购和高次收购（Higher Order Ccquisition）的短期累计超额收益、并购后长期绩效，发现过度自信收购者（多次收购者）比理性收购者（单次收购者）的 CAR 更低，而且显示出较差的长期绩效，这种现象是由自我归因偏差所导致的。

Kraemer、Noeth 和 Weber（2006）利用心理学实验指出个体对于自身预测能力的自信往往就来自于这种自我归因偏差，他们往往会过高地估计个人经验和信息在实际预测中的作用，而忽视外部信号可能发挥的重要作用。Billett 和 Qian（2006）基于美国并购市场分析了管理者的认知偏差原因得出，公司既往的并购绩效对管理者的行为产生很大的影响。他们认为这是由于自我归因偏差使管理者认为并购决策的成功是源于自己的能力以及所掌握的知识。该结论证明了自我归因偏差的存在，这进一步支持了管理者过度自信假说。Hirst、Koonce 和 Venkataraman（2008）指出由于管理者存在自我归因偏差，他们往往会显著地高估自己的管理能力以及公司发展。

4.4　控制幻觉理论

控制幻觉是"由于判断偏差，个人对将来完全不可控或部分不可控情境下的成功概率的预期不合理地高于其客观将实现的概率"。Taleb 在《黑天鹅》一书中提出"我们的世界是被极端的、未知的、不可能的事情主宰着"，但是人们却常常自认为是转盘赌博中的幸运儿，而忽略低概率事件的可能性，无论这些事件会引起多大的灾难。

非理性认知偏差的研究长期以来一直以大学本科生为实验对象。美国心理学家 Langer（1975）对实验对象的博彩行为进行了研究，他发现人们通常会将自己的好运归因于自己的控制感，他认为当个人特征与技能状况（即竞争、抉择、熟悉、积极参与、地位权威）的引入相关时，个体将启用控制幻觉。同时，Langer 和 Roth（1975）发现，人们都有着将失败归咎于外部境况而成功归因于他们自己的倾向，尤其是对于早期的、连续的成功，更显现出这种倾向。Weinstein（1980）的研究证明，不切实际的乐观是个人认为自己会比同侪经历更多（更少）的积极（消极）事件的个人控制幻觉。此外，这种控制幻觉认知偏差的程度与对事件的可控性以及个体所承担的责任程度呈正相关关系。Griffin 和 Tversky（1992）发现，如果个人过高地估计自己所青睐的假设发生的概率，则可归为过度自信，他们提出个人往往主要关注他们所青睐的假设与数据的匹配度而忽略数据与替代假设的匹配度如何。Fischhoff 等（1977）的研究发现，当实验对象确定他们是对的时候却往往频繁出错，得出结论个人往往对他们所掌握的知识的准确度表现出控制幻觉。同时，他们发现控制幻觉与任务的难度呈正相关关系，而与事件的反馈与可预见的结果呈负相关关系。最后，Larwood 和 Whittaker（1977）在对实验对象处理真实的与假设的管理状况进行问卷调查与访谈两种研究方式时发现，虽然所有的实验对象均会对自己的能力表现出控制幻觉，但作为公司的管理者，较之大学生会表现出对认知偏差适度的纠正倾向。

4.5 ———— 本章小结 ————

本章依据人在面对未来的不确定性事件时，判断和决策往往受到心理因素的影响而产生认知偏差的行为基础，从行为经济学的前景理论、高层阶梯理论、自我归因偏差理论、控制幻觉理论四个方面的相关理论阐述了管理者可能产生过度自信且影响并购行为的机理。

（1）前景理论认为由于决策者各自的价值偏好、人格特征、信念与情感等因素的影响，在决策过程中容易产生过度自信现象。因此在企业的并购决策中，管理者的过度自信行为表现可以借助前景理论进行解释。管理者的认知倾向（或认知偏差）和价值观可能会在充满未知与不确定性的商业环境中影响其并购行为，不过由于管理者的认知倾向的不可观察性，采用的是管理者的个人特征（如年龄、性别、教育背景、工作经验等）及其异质性反映认知倾向，并考察这些代理变量对并购行为的影响。

（2）自我归因偏差理论认为，当事人将成功归因于自己的能力，而将失败归咎于外部环境和运气，从而会导致当事人过度高估自身的能力。从而更容易变得过度自信。同样，企业高管们也会认为自己之所以能成为企业高管是自己的能力使然，因此很可能变得过度自信。

（3）控制幻觉理论认为人们通常会将自己的好运成分归结为自己的控制感，当个人特征与技能状况（即竞争、抉择、熟悉、积极参与、地位权威）的引入相关时，个体将启用控制幻觉。

第 5 章

管理者过度自信与并购决策的实证分析

5.1 —————— 管理者过度自信与并购选择 ——————

5.1.1 并购选择的理论分析与研究假设

"并购行为是个人决策的体现"（Roll，1986）。公司所发生的并购行为或是多元化并购可能是由于"自以为是"的管理者的良好的初衷（Roll，1986）。Malmendier 和 Tate（2008）在对管理者过度自信是否影响并购行为的研究中发现，过度自信的管理者确实在其任期内进行了至少一次的并购活动。过度自信的管理者的最显著特征是高估收益而低估风险（Merrow 等，1981；Malmendier 和 Tate，2005，2008，2011）。在这种心理作用的驱使下，管理者在制定并购决策时，会过度自信地认为自己总能成功，而未考虑到可能的风险和客观条件的约束。与传统"经济人"假设不同的是，"管理者过度自信"假设管理者是忠于现有股东的（Heaton，2002），选择并购是为股东创造价值，而非是谋求自身利益最大化，过度自信的认知偏差是推动并购发生的重要原因。西方学者所研究的过度自信认知偏差是否也适用于中国管理者的决策行为呢？事实上，早在 20 世纪70 年代末 80 年代初，就已经有学者在探讨并发现中国的管理者的过度自信倾向表现得更为突出（Wright 等，1978；Wright 和 Phillips，1980；Yates 等，1989）。在我国的制度环境下，过度自信管理者在公司的投资决策中更有可能发起低效率的过度投资行为（郝颖、刘星和林朝南，2005）。傅强和方文俊（2008）在对我国上市公司高管的过度自信与并购决策的实证研究中发现，管理者的过度自信是并购活动的重要驱动因素。处在新兴、转轨的资本市场中的我国上市公司为企业管理者的过度自信倾向提供了肥沃的土壤，同时，尚未完善的法律法规以及亟须改进的企业治理结构与外部监管，使得我国企业管理者的过度自信表现得更加突出，在并购决策中会更加高估自身的能力，从而实施更多的并购活动。因此，本书提出假设 H1a：

H1a：中国上市公司的管理者存在过度自信认知偏差，且管理者的过度自信与企业的并购行为选择呈正相关关系。

Langer（1975）提出人们对熟悉的工作会有更强的控制幻觉。Weinstein（1980）的实验结论指出个体过去的经验与其所持有的乐观程度呈正相关关系。以上两位学者的研究都说明管理者的过度自信水平与工作经验呈正相关关系。此外，Aukutsionek 和 Belianin（2001）也发现过度自信水平随着经验的增长而增加。Gervais 和 Odean（2001）的研究结果表明，在管理者商业生涯的早期，其过度自信程度会随着工作经验的增多而不断增加；而在商业生涯后期，这种认知偏差会逐渐得到修正。因此，本书提出假设 H1b：

H1b：既往的并购经验会促使过度自信的管理者选择并购行为。

5.1.2　并购选择的样本选择与数据来源

本节根据对被解释变量——公司是否发生并购，以及相关变量的度量，以 2004—2012 年沪深两市 A 股主板上市公司发起的并购事件为基本研究样本，主要通过以下渠道获取数据：（1）并购基本数据来源于国泰安数据服务中心（CSMAR）提供的中国上市公司并购重组研究数据库。对于 CSMAR 中记录不完整的数据，通过查找 WIND 资讯的并购数据库予以核对；（2）管理者的特征数据来源于国泰安数据服务中心（CSMAR）提供的中国上市公司治理结构研究数据库，对于 CSMAR 中记录不完整的数据，以新浪财经人物库、上海证券交易所与深圳证券交易所网站公告的数据作为补充；（3）上市公司的基本特征数据以及财务特征等数据来源于国泰安数据服务中心（CSMAR）提供的中国上市公司财务报表数据库、上市公司财务指标分析数据库、上市公司治理结构研究数据库、上市公司股东研究数据库和股票市场交易数据库。

在样本的选择过程中进行如下筛选：（1）以2004年作为研究起始时间点是因为我国上市公司披露并购交易的信息数据自2004年才开始相对较为完整；（2）由于有些并购交易在其公告发布后，要经过一段时间才能确定该并购事件是否成功，所以本书将样本最终的研究时间限定在2012年。通过长达9年的窗口期，可更有利地观察并购选择的影响因素对并购行为所产生的作用（方向、程度等）；（3）剔除CSMAR并购重组数据库中标注"交易失败"的并购事件；（4）剔除其中发生股份回购、资产剥离、债务重组以及难以区分交易地位的资产置换事件；（5）剔除发生行政划转、无偿受让、司法裁定、继承赠予等不符合市场化交易的并购事件；（6）剔除重大资产购买等非并购意义上的交易事件；（7）剔除所有金融、保险行业的并购样本；（8）剔除并购交易事项当年处于ST类样本；（9）剔除数据缺失或数据异常的并购样本。经过以上步骤的筛选，最终得到有效的观察值8 623。

本书所有数据均在Excel 2003中进行预处理工作，运用STATA 11.0对预处理后的数据进行统计分析。

5.1.3　并购选择的变量定义与模型构建

1）被解释变量

被解释变量是并购选择（MandA），它被定义为一个二元变量，衡量公司在会计年度内是否选择发生并购，即如果上市公司在2004—2012年发生了至少一次成功的且非关联交易的并购，MandA赋值为1；否则赋值为0。

2）管理者过度自信的度量

代表一组个人特征变量的X1'：年龄（AGE）、性别（GENDER）、教育背景（EDU）、并购经验（L.MandA）。代表一组管理者所处的外部环

境变量的 X2′：相对薪酬（COMMIT）、竞争（COMPETE）、声望
（PRESTIGE）。

影响并购行为选择的管理者过度自信变量说明表见表5-1。

表5-1　　**影响并购行为选择的管理者过度自信变量说明表**

变量名称	变量标识	变量说明	预期与过度自信的关系	文献来源
年龄	AGE	CEO的年龄	正	Crawford 和 Stankov（1996），Malmendier 和 Tate（2008）
			负	Bertrand 和 Schoar（2003）
性别	GENDER	男性赋值为1；女性赋值为0	正	Deaux 和 Emswiller（1974），Barber 和 Odean（2001），Soll 和 Klayman（2004），Dunning 等（2003），Graham 等（2005）
			不确定	Lundeberg 等（1994）
			无	Deaves 等（2003），Lundeberg 等（2000）
教育背景	EDU	本科及以下赋值为0；硕士及以上赋值为1	正	Graham 等（2005），Bertrand 和 Schoar（2003）
			负	Lundeberg 等（1994）
并购经验	L.MandA	上一会计年度发生并购赋值为1；未发生并购赋值为0	正	Wolosin 等（1973），Kirchler 和 Maciejovsky（2002），Rovit（2003），Allen 和 Evans（2005）
相对薪酬	COMMIT	薪酬前三位高管的薪酬比例	正	Hayward 和 Hambrick（1980），Brown 和 Sarma（2006）
竞争	COMPETE	公司高管的数量	正	Goel 和 Thakor（2002）
声望	PRESTIGE	CEO同时兼任董事长赋值为1；否则赋值为0	正	Malmendier 和 Tate（2008）

（1）代表一组个人特征变量的 X1′中各变量与管理者过度自信的关系
如下：

①年龄（AGE）度量公司管理者年龄的实际值。年龄与个人的过度自信水平呈正或负相关关系是值得商榷的。例如，Crawford 和 Stankov（1996）选择 18—85 岁的人群作为研究对象时发现，当面临常识性问题与一般性推理任务时，年长的人会表现出更高的过度自信水平。Malmendier 和 Tate（2008，2011）的研究得出同样的结论，他们认为出生在 19 世纪 30 年代的人们更趋向于过度自信，可能是因为他们经历了世界大战。另一方面，Bertrand 和 Schoar（2003）发现年轻人会比与之相似的年长的人更过度自信。Carlsson 和 Karlsson（1970）、Vroom 和 Pahl（1971）的研究表明年龄较长的管理者倾向于采取风险较少的决策。Kovalchik、Camerer 和 Grether 等（2005）在对年龄与经济决策行为间的关系进行的研究同样发现，相较于年龄小的人员，年龄较长的人员在经济决策过程中会表现出较低的过度自信水平。Forbes（2005）得出相似的结论，相对于年龄较小的管理者，年龄较长的管理者可能由于其拥有更丰富的经营管理经验，因此他们过度自信的水平可能较低。在本书的实证研究中采用 AGE 度量公司管理者年龄的实际值。

②性别（GENDER）。传统观点认为男性会比女性表现出更高的自信水平（Deaux 和 Emswiller，1974；Barber 和 Odean，2001；Soll 和 Klayman，2004）。例如，Dunning 等（2003）在让研究对象评估自己所完成的具有典型男性导向的任务（即科学任务）时发现，女性的表现与其男性同伴相似时她们却往往认为自己做得不如他们。此外，Graham 等（2005）进行的盖洛普（Gallup）投资者调查的电话访问的实证结果得出投资者自我认知能力与性别（如果是男性）呈正相关关系。我国学者杨青（2007）发现在我国证券市场上男性交易者较女性交易者更倾向于过度自信。庞建勇和王凯（2009）借鉴江晓东（2006）的实证研究，通过收集漳州一家证券营业部的账户交易数据及相应的性别属性对此做了一些实证研究。研究结果显示，在 10 个月的样本期中，只有 1 月的男女月度换手率均值差异通不过 5% 的显著性检验，其他 9 个月的数据都表明男性投资者的月度换手率显著高于女性投资者，男性投资者比女性投资者更容易过度自信。然而 Lundeberg 等（1994）对过度自信的研究中发现仅当受访者的测试答案是错误时才表现出男性过度自信程度超过女性，而当受访者的回答

正确时，过度自信的性别差异不显著。此外，Deaves等（2003）在对大学生进行计算机交易实验时发现过度自信的性别差异（由标准误差进行度量）不显著。Lundeberg等（2000）在对同一文化背景下的男性与女性进行比较后也没有发现整体上的过度自信性别差异。Biais等（2005）认为过度自信并不存在性别差异。在本书的实证研究中公司的管理者为男性时，GENDER赋值为1；女性则赋值为0。

③教育背景（EDU）。管理者所受教育程度可以部分地解释他们的自信水平。然而，关于自信水平与教育程度间的正向或负向关系，不同的研究呈现出相冲突的结论。一般认为，管理者受教育程度越高，其自信程度可能会越强，因为从心理学的角度讲，当决策出现好的结果时，管理者往往会将其归功于自己对决策所拥有的知识，而一旦出现坏的结果，管理者就会归咎为差的运气。如Bantel和Jackson（1989）认为高管成员学历越高对公司的战略变化越有利；Heath和Tversky（1991）的研究结果表明，管理者在认为其对所做的决策拥有更多的知识时，往往会更倾向于过度自信；Landier和Thesmar（2009）的研究也发现，教育程度较高的企业家对自己的想法越乐观。然而也有学者认为，随着教育水平的提高，人们的过度自信水平会弱化。这是因为教育水平越高，人们的知识面越宽，掌握的知识越丰富，因此在决策时，会更全面地考虑问题，从正反两个方面获取相关信息，从而减少决策时所产生的判断偏差。Graham等（2005）对投资者自我认知能力的实证研究发现过度自信水平与大学及研究生学历呈正相关关系。然而，Lundeberg等（1994）发现相对于男性和女性的研究生以及女性大学生而言，男性大学生在他们的判断是错误的时候往往表现得极为过度自信。在本书实证研究的设计中，当公司管理者的学位为硕士及以上时，EDU赋值为1；本科及以下时赋值为0。

④并购经验（L.MandA）。并购经验为公司上一个会计年度是否发生并购。Kirchler和Maciejovsky（2002）实验研究了个人在虚拟资产市场中进行活动时的表现，结果发现过度自信程度与经验有关，且随着经验的增长过度自信的程度不断提高。Rovit（2003）的研究发现，管理者的过度自信随着并购经验的增加而上升。Wolosin等（1973）、Allen和Evans（2005）等也得到了类似的结论。在本书实证研究的设计中，L.MandA是

一个二元变量，若上一会计年度发生了并购赋值为1；未发生并购则赋值为0。

（2）代表一组管理者所处的外部环境变量的X2′中各变量与管理者过度自信的关系如下：

①相对薪酬（COMMIT）。相对薪酬是公司薪酬前三位高管的薪酬比例。管理者薪酬的相对比例可以帮助说明其过度自信行为，因为过度自信的管理者可能会关注薪酬激励所产生的影响力。薪酬最高的管理者相对于公司内的其他管理者的薪酬越高，说明他在公司内的地位越重要，对公司的控制力越强，也越易产生过度自信认知偏差，且随着薪酬相对比例的提高，过度自信程度越高（Hayward 和 Hambrick，1997）。Brown 和 Sarma（2006）的研究得出，管理者的薪酬比例越高，他的控制力越强。因为我国上市公司披露的信息中，并未包含每一位高官的薪酬数值，披露的只有薪酬前三位高管的薪酬总额以及所有高管的薪酬总额，因此，本书借鉴姜付秀等（2009）的研究，选择样本公司薪酬前三位高管的相对薪酬比例，即"薪酬最高的前三名高管薪酬之和/所有高管的薪酬之和"来表示[1]。COMMIT值越高，说明管理者过度自信水平越高。

②竞争（COMPETE）。竞争是公司中高管的数量。Goel 和 Thakor（2002）的研究发现，管理者过度自信的程度与公司中与其竞争晋升的高管数量呈正向关系。也就是说，在公司中存在的高管总数量越多，那么他们的晋升机会对于CEO来说构成越大的潜在的职位竞争。因此，为了稳固职位，公司的高管数量越多，管理者过度自信水平越高。在本研究的设计中，COMPETE代表公司高管人员的数量，高管人数越多，说明管理者过度自信水平越高。

③声望（PRESTIGE）。声望是CEO兼任董事长。Malmendier 和 Tate（2008，2011）发现过度自信行为会随着管理者头衔的增多而增加。管理者头衔的累积包括CEO兼任公司董事长。身兼数职的管理者，由于高度

① 由于我国上市公司的财务报告中只披露薪酬最高的前三名高管薪酬之和以及全部高管薪酬之和，因此，本书不能采用 Hayward 和 Hambrick（1997）所采用的管理者中第一高的薪酬与第二高的薪酬比例进行衡量，只能根据我国上市公司的实际情况，用"薪酬最高的前三名高管薪酬之和/所有高管的薪酬之和"来表示，尽管各公司的高管数目各不相同，但是在此我们假定前三位高管作为一个整体代表公司的管理者，那么，该指标在一定程度上也能够反映出管理者在公司中的重要性，因此，本书的设计与 Hayward 和 Hambrick（1997）的思想是相符的。

集权于一身，随着承担的责任越来越多，其过度自信的程度亦随之增加，从公司治理的角度来看，这也可解释董事会的弱警觉性使得管理者过度投资（Hayward 和 Hambrick，1997）。在公司中管理者被认为是声望追寻者，他们将并购活动的成功完全视为是提升自己声望的路径之一。本研究的设计中，如果 CEO 同时兼任董事长，PRESTIGE 赋值为 1；否则赋值为 0。

3）代表一组控制变量的 X3′

为了控制与管理者过度自信的认知偏差无关但可能影响公司并购行为的因素，本书将在回归分析中添加以下控制变量[①]，见表5-2。

表5-2　　　　　　　　　　　　　控制变量说明表

变量名称	变量标识	变量说明	预期与并购关系	文献来源
自由现金流量	FCF	公司每股自由现金与总股数的乘积	正	Jensen（1986），Lang等（1991）Malmendier 和 Tate（2008）
信息不对称程度	INFO	日均股票交易量/公司总市值的自然对数	负	Stiglitz和Weiss（1981），Myers 和 Majluf（1984），Easley 等（1998），Leuz等（2000）
负债经营比率	LevRat	期末负债总额与期末资产总额的比值	负	Myers（1977），Jensen（1986）
规模	SIZE	期末资产总额的自然对数	正	Banz（1981），Fama 和 French（1992），Fama和French（1993），Fama 和 French（1996），Malmendier和Tate（2008）
投资机会	MVBV	公司市场价值与期末资产总额的比值	正	Modigliani 和 Miller（1958）
盈利能力	ROI	总资产收益率	正	Kaplan（1997）
控制人类型	STATE	国有控股赋值为1；否则赋值为0	正	
年份	YEAR	年度虚拟变量	正	

---

①　在实证检验过程中，本研究为了防止样本公司在并购期间发生管理者变更事件对检验结果的影响，故在不影响回归结果的前提下对在样本期间发生管理者变更的上市公司不予考虑；对于行业变量INDUSTRY，在对方程进行回归之前，采用方差膨胀因子法检验发现20个行业变量之间的多重共线性较强，所以最后呈现的结果中未涉及行业变量。

①自由现金流量（FCF）。Jensen（1986）提出，如果高管偏好掌控公司更多的资产，那么他可能会为了"帝国构建"的一己私利而热衷于将公司可动用的现金流进行非效率的投资。而市场也会解读出高管行为的利己倾向，并且将对潜在的过度投资的高管实行惩罚。Lang等（1991）发现当公司拥有较高水平的现金流，但其成长空间较小时（如成熟公司），公司的股票在并购公告后存在负向的价格效应。Malmendier和Tate（2008，2011）、叶蓓（2008）、姜付秀等（2009）的实证研究结果均显示企业的内部现金流会促使企业并购行为的发生，二者之间呈正相关关系。本书的实证设计采用的代表公司内部资源与潜在的代理问题的变量是FCF，它等于公司每股自由现金流量与总股数的乘积。

②信息不对称程度（INFO）。公司的并购活动也会受到信息不对称因素的影响。在资本市场中，资金的提供者所掌握的信息总是比资金的需求者要少，因此即使企业拥有最佳的投资机会，但由于投资者与高管所拥有的信息不对称，公司也可能会被迫投资不足。换言之，由于存在信息不对称，"公司知道投资者所不知道的信息"，对公司知之甚少的投资者会质疑了解内情的高管正在发行的定价过高的新股（Myers和Majluf，1984），抑或债权人所面对的是无法观察道德品质与信贷配给的借款人（Stiglitz和Weiss，1981），因此对于信息不对称程度高的公司，其会被赋予更高的预测风险水平，投资者与债权人会因此要求更高水平的风险溢价，而公司则可能会因过分昂贵或无法得到的外部融资导致投资减少。虽然不能直接观察到公司的信息不对称程度，但可以用不同的方法去测量，比如，公司股票的买卖价差、交易量、换手率（Leuz和Verrecchia，2000）、分析师预测的准确性（Marquardt和Wiedman，1998）。考虑到我国股票市场的特殊性，本书采用的是日股票换手率，也就是用日均股票交易量/公司总市值对公司的可获得信息进行度量，换手率指标由交易量和流通股总股数两个指标构成，考虑了上市公司规模对流动性的影响，更具有代表性。Leuz等（2000）指出，交易量体现了投资者买卖公司股票的意愿，而这种意愿应该与信息不对称的程度负相关，即低程度的信息不对称是和较高的交易量相关的。一些实证研究支持了将交易量作为信息不对称的反向代理变量，如Easley等（1998）

研究表明随着交易量的增加，以私人信息优势为基础的交易的概率在减少。INFO 代表可获得的公司特定信息，预期 INFO 与公司的信息不对称呈负相关关系，即日股票换手率越大，信息不对称水平越小，换言之，日股票换手率与信息披露程度正相关。

③负债经营比率（LevRat）。并购活动可能会由于公司深陷财务困境而减少。强制性的债务偿付会使为了一己私利的管理者减少补贴性消费，因此负债比率高的公司可能会较少进行过度投资（Jensen，1986）。如果公司有债务悬置，那么所带来的问题是：过多的负债容易造成还债额空缺（还债额高于现有资产），公司新的投资项目所获得的收益被债权人优先获得，因此管理者没有进行投资的激励（Myers，1977）。Hart 和 Moore（1995）提出公司的硬债务能够约束管理者的投资行为，公司的财务杠杆和未来投资增长呈负相关关系。本书采用负债经营比率 LevRat 表示公司层面财务困境，即负债经营比率=期末负债总额/期末资产总额。

④规模（SIZE）。规模较大的公司会比小规模公司更易获得较低融资成本的机会，这将促使前者进行更多的并购活动（Banz，1981；Fama 和 French，1992；Fama 和 French，1993；Fama 和 French，1996）。这种"规模效应"的产生主要是由于小规模公司较低的盈利能力使其产生财务困境的风险增加（Fama 和 French，1993）。Malmendier 和 Tate（2008）的研究认为公司的规模对并购行为的产生具有正向影响。本书采用 SIZE=ln（期末资产总额）表示规模。

⑤投资机会（MVBV）。当公司盈利能力的空间增加，公司的投资支出亦随之增加（Modigliani 和 Miller，1958）。因此，当公司的并购机会增加时，管理者在并购项目上投入的资本越多，也就是实施了更多的并购活动。代表公司投资机会的变量 MVBV 表示公司的市账比率。

⑥预期收益率（ROI）。公司投资的预期收益率为其实际的收益率。Kaplan（1997）认为投资预期收益率（ROI）是衡量公司表现的关键指标，但是由于无法获得准确的数据，本书用总资产收益率（ROA）代替。管理者预期并购项目未来所产生的 ROI 越高，其越倾向于进行并购。ROI 用实际资产收益率 ROA 进行计算，ROI 即为公司净利润/期末

资产总额。

⑦控制人类型（STATE）。考虑到控制人类型对于中国上市公司管理者的并购决策具有相当大的影响，由于我国国有控股企业在上市公司中占有很大份额，这类公司的并购决策应该与其他类型的公司不同。本书设定了一个用以描述公司控制人类型的虚拟变量STATE。如果控制人类型为国有控股赋值为1；非国有则赋值为0。

⑧年度（YEAR）。为了控制并购事件发生年份这一宏观因素变化的影响，本书选用年度变量YEAR，控制年份为2004—2012年。

为了研究与理性同侪相比，过度自信管理者对企业并购决策的影响，本研究在控制公司特征（自由现金流量、内部信息、财务困境、规模、投资机会、投资预期收益率、实际控制人类型以及年度）的条件下，实证检验管理者过度自信对并购选择行为的影响。建立Logistic回归模型：

$$\ln\left(\frac{MandA}{1-MandA}\right)=\alpha+\beta_1 X1'+\beta_2 X2'+\beta_3 X2'+\varepsilon \tag{1}$$

其中，β为回归系数，ε为随机误差项。

回归系数β以并购发生比（Odds Ratio）的形式表示[1]，即表示管理者过度自信的公司和非管理者过度自信的公司在是否进行并购的选择上存在显著的差异。

5.1.4　并购选择的实证检验与结果分析

1）描述性统计

表5-3与表5-4报告了并购行为选择及相关影响因素的描述性统计情况。其中，连续变量FCF表示自由现金流量，计算方法为每股自由现金流量×总股数；INFO表示对数化的日股票换手率，计算方法为ln（日均股票交易量/公司总市值）；LevRat表示公司的负债经营比率，计算方法为期末负债总额/期末资产总额；$SIZE_1$与$SIZE_2$分别代表对数化的期末总资产和对数化的期末股价[2]；$MVBV_1$与$MVBV_2$分别代表不同市场价值测算方法下的市账比率，计算方法为公司市场价值/期末资产总额，其

---

① 发生比是用来描述某一事件发生概率与不发生概率的比值。
② 根据Ferguson和Shockley（2003）的结论，在只根据股权而忽视债务的基础上所构建的市场投资组合指标将会导致管理者做出错误的预测，因此在本书的稳健性检验中采用不同测算方式的$SIZE_2$替代$SIZE_1$。

中在$MVBV_1$的测算中，用净资产代替公司非流通股市值进行测算，在$MVBV_2$的测算中，用流通股股价代替公司非流通股市值进行测算[①]；ROI_1与ROI_2分别为不同方式测算的预期收益率，其中，ROI_1的计算方法为净利润／期末资产总额，ROI_2的计算方法为净利润／期末平均资产总额[②]；AGE表示公司管理者的年龄；COMMIT表示公司薪酬前三位高管的薪酬比例，计算方法为薪酬最高的前三位高管薪酬之和/全部高管薪酬总和；$COMPET_1$与$COMPETE_2$分别表示公司高管人员数量和董事会人数。

表5-3　并购行为选择及相关影响因素的描述性统计（连续性变量）

变量名称	观测值	均值	标准差	最小值	中位数	最大值
FCF	10 030	0.165626	6.431772	−196.567	0.059749	492.2259
INFO	15 523	5.526888	1.083703	−5.37987	5.659494	8.404363
LevRat	16 543	0.542005	0.703969	0.001725	0.494387	19.86718
$SIZE_1$	16 542	21.55953	1.409365	13.07597	21.39728	30.49563
$SIZE_2$	16 223	14.84572	1.262461	8.850311	14.76986	22.33532
$MVBV_1$	16 170	2.053942	16.02501	0.048407	1.328118	1 736.111
$MVBV_2$	15 396	−2.30239	620.9263	−76 923.1	1.727153	2 512.563
ROI_1	16 524	0.027029	0.514441	−51.2978	0.034767	22.00512
ROI_2	16 523	0.038829	0.211025	−5.9996	0.037068	20.78764
AGE	15 937	50.51528	7.217107	26	50	85
COMMIT	15 918	0.423103	0.142032	0.009615	0.400577	1
$COMPETE_1$	16 027	6.208523	2.517617	0	6	64
$COMPETE_2$	16 027	9.133649	2.207728	0	9	20

---

① 曹凤岐（2007）认为，市值管理并非是直接对股票价格进行管理，应该是通过对企业内在价值与外在价值的综合管理得到提升。股东权益代表的内在价值是本，而市场价值是外在价值，反映的是市场表现。对于我国弱式有效资本市场，上市公司的内在价值与市场价值是不吻合的，因此稳健性检验中采用不同测算方式的$MVBV_2$替代$MVBV_1$。

② 预期收益率具有滞后性、主观性，是一种模拟计算变量，为了结果的可靠性，在本书的稳健性检验中采用不同测算方式的ROI_1替代ROI_2。

表5-4　　并购行为选择及相关影响因素的描述性统计（分类变量）

变量名称	变量分类	分类变量取值	频数	频率（%）
MandA	未发生并购	0	11 096	67.07
	发生并购	1	5 447	32.93
GENDER	女性	0	728	4.54
	男性	1	15 294	95.46
EDU	本科及以下	0	11 932	74.47
	硕士及以上	1	4 090	25.53
PRESTIGE	董事长不兼任总经理	0	13 057	81.47
	董事长兼任总经理	1	2 970	18.53
STATE	非国有控股	0	9 628	60.79
	国有控股	1	6 210	39.21

表5-3与表5-4分别从连续变量和分类变量的角度，在2004—2012年发生并购事件总体样本的基础上对影响并购行为选择的因素进行统计性分析。从样本总体的结果来看，发生并购的频率约为33%，说明样本中选择进行并购的企业的比例是比较高的，占比约1/3的企业皆发生了并购事件；对于CEO的相对薪酬，先从总体样本中剔除了CEO薪酬综合数据缺失的样本、考察年份CEO发生变更的样本后，最后得到15 918个CEO相对薪酬的数据，均值为0.42，所占比例较高；公司内与CEO构成竞争关系的高管的数量为4~8名，该数值越大，说明对管理者职位的竞争越激烈；在样本公司中，CEO的平均年龄约为51岁，大部分CEO的年龄为43~57岁，平均而言，我国上市公司管理者的年龄普遍偏大，因此大多具有丰富的职业经验；女性CEO占全部CEO的比率只有4.54%，而男性CEO则占绝大多数，由此看出在我国上市公司中，管理者职位仍是男性占据主导；在本书研究的样本中，获得硕士以上学历的CEO约占CEO总人数的1/4；CEO一人兼董事长两职的人数约占非兼两职人数的1/4；国有控股公司样本数占总样本数的比率约为40%。

2）相关性检验

并购行为选择及其影响因素的相关性检验见表5-5。

表5-5

并购行为选择及其影响因素的相关性检验

	MandA	L.MandA	FCF	INFO	LevRat	SIZE₁	MVBV₁	ROI₁	STATE	YEAR	AGE	GENDER	EDU	COMMIT	COMPETE₁	PRESTIGE
MandA	1															
L.MandA	0.1402*	1														
FCF	0.0019	-0.0078	1													
INFO	-0.0233*	-0.0193*	-0.0405*	1												
LevRat	0.0091	0.0031	-0.0783*	0.1467*	1											
SIZE₁	0.0671*	0.0782*	-0.0083	-0.1807*	-0.0991*	1										
MVBV₁	0.0033	-0.0099	-0.0411*	0.0023	0.2226*	-0.0424*	1									
ROI₁	0.0097	0.0160	0.2715*	-0.1212*	-0.2710*	0.0657*	-0.1029*	1								
STATE	-0.0177*	-0.0100	-0.0134	0.0219*	0.0189*	0.1156*	-0.0198*	-0.0007	1							
YEAR	0.0736*	0.0860*	0.0370*	-0.0604*	-0.0725*	0.1289*	0.0256*	0.0411*	-0.3927*	1						
AGE	-0.0134	0.0033	0.0197*	-0.0551*	-0.0491*	0.1731*	-0.0026	0.0075	0.0350*	0.1188*	1					
GENDER	-0.0184*	-0.0177*	0.0049	-0.0048	-0.0127	0.0290*	0	-0.0068	0.0271*	-0.0016	0.0163*	1				
EDU	0.0210*	0.0217*	0.0234*	-0.1138*	-0.0345*	0.0584*	-0.0110	0.0070	-0.0151	0.1120*	-0.1289*	0.0322*	1			
COMMIT	-0.0374*	-0.0377*	0.0182	0.0523*	0.0475*	-0.1725*	0.0375*	-0.0033	-0.0742*	-0.0049	-0.0642*	-0.0424*	-0.0304*	1		
COMPETE₁	0.0490*	0.0433*	0.0229*	-0.1236*	-0.0459*	0.2262*	-0.0317*	0.0154	0.0891*	0.0574*	0.0974*	0.0584*	0.0679*	-0.4551*	1	
PRESTIGE	-0.0060	-0.024*	-0.0170	-0.0901*	-0.0491*	-0.0965*	0.0007	-0.0005	-0.1697*	0.1260*	-0.1074*	-0.0155*	0.0571*	0.1294*	-0.0160*	1

注1：*表示显著性水平<0.05。

注2：$SIZE_1$ 与 $SIZE_2$、$MVBV_1$ 与 $MVBV_2$、ROI_1 与 ROI_2、$COMPETE_1$ 与 $COMPETE_2$ 分别为改变设计算方式所测算的替代变量，具有显著共线性，因此，此处仅列示其中一个。经测算，三组替代变量与其他变量间的相关性方向和显著程度均一致。

由表 5-5 中各有关变量之间的 Pearson 相关系数得知，公司是否选择并购行为（MandA），与其在上一年是否发生并购（滞后一期 L.MandA）、CEO 受教育程度（EDU）以及与 CEO 竞争职位的高管人员数量（COMPETE₁）呈现显著的正相关关系，该结果初步验证了前面的假设，即管理者的并购行为选择受到管理者的并购经验、CEO 个人的受教育程度以及与之竞争的高管人员数量的正向的促进作用，也就是说，管理者既往的并购经历会促本次并购行为的选择；管理者的受教育程度越高越倾向并购。而管理者并购行为选择（MandA）与国有控股（STATE）、CEO 的年龄（AGE）、性别（GENDER）、薪酬前三位高管的薪酬比例（COMMIT）均呈显著的负相关关系，也就是说是否为国有控股公司（STATE）与并购行为选择呈显著负相关关系，说明与国有控股的企业相比，非国有控股的企业的并购行为更为频繁，投资活动更加活跃。

3）Logistic 回归分析

表 5-6 是将公司是否选择并购活动作为因变量，将各个相关的影响因素作为解释变量，对企业并购行为选择与管理者过度自信进行的 Logistic 回归分析。

在表 5-6 中：

第（1）列报告的是对总体样本的仅含控制变量（自由现金流、日股票换手率、负债经营比率、公司规模、市账比率、总资产净利润率、实际控股类型人以及年份）的回归结果。

第（2）列的 Logistic 回归呈现的是在第一列的基础上（包含控制变量），加入表示管理者过度自信的变量（CEO 年龄、性别、教育程度、上一会计年度是否发生并购、薪酬前三位高管的薪酬比例、高管人数、CEO 是否身兼董事长）后的回归结果。

第（3）列和第（4）列分别报告了对过度自信子样本数据的 Logistic 回归结果，第（3）列样本筛选的范围为 CEO 的教育背景为研究生及以上学历且 CEO 兼任公司董事长（EDU=1；PRESTIGE=1）；第（4）列的管理者过度自信中的教育背景与声望两个变量的样本筛选范围更替为 CEO 学历本科及以下且 CEO 不兼任公司董事会主席（EDU=0；PRESTIGE=0）。

表 5-6　并购行为选择及其影响因素的 Logistic 回归结果与稳健性检验

	(1) MandA	(2) MandA	(3) MandA	(4) MandA	(5) MandA	(6) MandA	(7) MandA
L.MandA	0.521***	0.512***	0.619***	0.514***	0.512***	0.636***	0.493***
	(0.0479)	(0.0483)	(0.207)	(0.0621)	(0.0485)	(0.207)	(0.0626)
FCF	0.00159	0.00205	0.0752	0.0165	0.00230	0.0562	0.0106
	(0.00339)	(0.00344)	(0.0639)	(0.0109)	(0.00345)	(0.0662)	(0.0100)
INFO	−0.131***	−0.125***	−0.0149	−0.105***	−0.133***	0.0270	−0.0475
	(0.0232)	(0.0239)	(0.117)	(0.0311)	(0.0243)	(0.131)	(0.0345)
LevRat	0.127**	0.127**	0.754	0.0992*	0.132***	0.524	0.114*
	(0.0499)	(0.0506)	(0.532)	(0.0596)	(0.0510)	(0.497)	(0.0592)
$SIZE_1$	0.0858***	0.0891***	0.0533	0.0776***	0.0911***		
	(0.0181)	(0.0187)	(0.0893)	(0.0249)	(0.0190)		
$MVBV_1$	0.00506	0.00662	0.0398	0.00309			
	(0.00746)	(0.00752)	(0.0868)	(0.00773)			
ROI_1	0.143	0.141	5.531***	0.108	0.134		0.0461
	(0.122)	(0.129)	(2.130)	(0.137)	(0.128)		(0.128)
STATE	−0.0572	−0.0564	0.149	−0.0294	−0.0327	0.171	−0.0227
	(0.0516)	(0.0526)	(0.295)	(0.0658)	(0.0531)	(0.294)	(0.0666)
YEAR	0.0386***	0.0387***	−0.0219	0.0498***	0.0408***	−0.0260	0.0351**
	(0.0103)	(0.0107)	(0.0557)	(0.0138)	(0.0108)	(0.0570)	(0.0145)
AGE		−0.0103***	0.0141	−0.00990**	−0.00983***	0.0130	−0.0103**
		(0.00336)	(0.0175)	(0.00406)	(0.00337)	(0.0179)	(0.00409)
GENDER		−0.227**	−0.281	−0.214	−0.217*	−0.378	−0.204
		(0.112)	(0.494)	(0.140)	(0.112)	(0.494)	(0.141)
EDU		0.0170			0.0104		
		(0.0539)			(0.0541)		
COMMIT		−0.301	−0.923	−0.374	−0.420**	−0.184	−0.475**
		(0.188)	(0.884)	(0.236)	(0.172)	(0.816)	(0.218)
$COMPETE_1$		0.0143	−0.0674	0.0138			
		(0.0103)	(0.0437)	(0.0139)			
PRESTIGE		0.0486			0.0512		
		(0.0612)			(0.0614)		
$MVBV_2$					0.00729	0.00664	0.00249
					(0.00585)	(0.0599)	(0.00575)
$COMPETE_2$					−0.00343	0.0118	−0.0137
					(0.0113)	(0.0589)	(0.0145)
$SIZE_2$						0.0448	0.189***
						(0.144)	(0.0330)
ROI_2						4.924**	
						(2.010)	
_CONS	−79.54***	−78.99***	41.94	−101.1***	−83.09***	49.96	−72.90**
	(20.73)	(21.44)	(111.7)	(27.56)	(21.67)	(114.1)	(28.92)
N	8 623	8 533	487	5 260	8 425	486	5 179
Pseudo R^2	0.0217	0.0234	0.0532	0.0225	0.0234	0.0479	0.0260

Standard errors in parentheses
* $p < 0.1$，** $p < 0.05$，*** $p < 0.01$

83

　　为了检验分析结果的稳健性，本研究在表5-6的第（5）、（6）和（7）三列分别报告的是第（2）、（3）和（4）列的稳健性检验。其中用变量 $SIZE_2$ 替换 $SIZE_1$，$MVBV_2$ 替换 $MVBV_1$，ROI_2 替换 ROI_1，$COMPETE_2$ 替换 $COMPETE_1$，然后进行 Logistic 回归检验。

　　表5-6的 Logistic 回归结果表明：

　　（1）管理者过度自信的替代变量——年龄，回归结果显示其与并购行为选择呈显著的负相关关系，也就是说，较年轻的管理者更倾向于过度自信，较为年轻的管理者会更倾向于去实施并购活动，该结果一方面体现了年轻人比年长者更为进取、更愿意做出新的尝试，但同时也说明较年长的管理者具备足够的知识、能力与经验以及因此而形成的正确的决策认知观，较少表现出过度自信倾向。因此年龄较轻的管理者在其职业生涯中会较年长的管理者表现出更高程度的过度自信，从而更有可能投资低效率的并购项目。

　　（2）管理者的过度自信替代变量——性别，回归结果与预期以及既往学者的研究是相悖的，较之男性管理者，我国上市公司的女性管理者表现的过度自信程度更强，会更多地去选择实施并购。在本书的样本中，虽然女性管理者只占约5%，但是如此凤毛麟角的女性管理者之所以能够取得事业上的成功应该与其自身的自信、积极、果断、不断追求创新等进取型个人特质密不可分，女性若想在男性比例如此之高的高管层占有一席之地，她们不仅要具备男性管理者所具有的品质，还必定要表现出比男性同侪更为果敢、敢于冒险、不畏艰险、积极进取的特质才能够在商业竞争中获胜。因此本书的回归结果表现出的并购倾向是女性 CEO 更强，她们可能会在公司的并购决策中表现出更高程度的过度自信。

　　（3）过度自信子样本的回归结果中，当 CEO 学历较高且兼任董事会主席（EDU=1；PRESTIGE=1）（第（3）列）时，高管的数量与并购的发生显著负相关，也就是说，拥有较高学历背景的过度自信的 CEO 同时兼任董事长时，公司的高管人员数量越多，其反而对并购行为更为谨慎。当过度自信 CEO 拥有较低学历且不兼任董事会主席（EDU=0；PRESTIGE=0）（第4列）时，管理者越年轻，越容易去选择并购；同样，具有并购经验的过度自信管理者倾向于选择并购。

（4）无论是在全样本还是过度自信子样本的检验中，相对于上一个会计年度未发起并购事件的管理者来说，已发起并购活动的管理者所在企业本年的并购与未并购发生比例的对数值 ln（$p_{并购}$/$p_{不并购}$）约增加 0.5，说明有过并购经验的管理者更倾向于选择并购，该结果支持本书 H1b。管理者或许会因为以往的并购经验产生并购惯性，通过既往的并购经验可能会使管理者在并购中不断学习并且获取并购知识，并将这些实践技能转化为并购能力。

（5）在稳健性检验中，第（5）、（6）、（7）列的结果与此前结果的系数的方向和显著性基本一致，充分证明了结果的稳健性。

以上的检验结果表明，反映管理者过度自信的替代变量中较年轻的管理者与并购行为选择呈正相关关系，女性与并购行为的关系也是正向的，说明我国上市公司中的较年轻的管理者与女性管理者可能过度自信水平更高，从而更倾向于从事并购活动，从而在一定程度上验证了 H1a，中国上市公司的管理者存在过度自信认知偏差，且管理者的过度自信与企业的并购行为选择呈正相关关系。

85

此外代表管理者过度自信个人特征的并购经验与并购行为的选择呈正相关关系，验证了本书的假设 H1b，既往的并购经验会促使过度自信的管理者去选择并购。

5.2　管理者过度自信与并购频率

5.2.1　并购频率的理论分析与研究假设

虽然并购对于企业管理者来说是需要投入大量的个人时间与精力去从事的一件极为复杂与艰巨的事项，但是管理者们却乐此不疲地选择并购，并且近年来管理者选择并购的频率愈发频繁。本研究从行为财务学的角度对这一现象进行分析。Aktas 等（2005）认为，如果一个管理者进行多次收购，则可能体现出他的某种心理状态，即高估收购收益，低估收购风险。同时，管理者自我归因偏差的存在会使其将先前的成功归因于自己的能力，产生过度自信。Brown 等（2006）对管理者过度自信与上市公司连续并购之间的关系进行研究发现，管理者越过度自信，越容易实施并购。管理者过度自信的典型表现是高估协同收益（Malmendier 和 Tate，2008），而随着管理者过度自信程度的增加，并购所带来的股东价值净增加额的期望值将逐渐减少。在连续并购中，如果某次并购成功，则管理者将其归功于自己；反之，若某次并购失败，则管理者将其归因于外部因素（Billet 和 Qian，2005；Doukas 和 Petmezas，2007）。因此，随着并购次数的增加，管理者的过度自信程度将会逐渐增加。在我国传统文化中，对于领导者的推崇以及快速成长的资本市场，都促进了管理者过度自信认知偏差的产生。2001 年我国加入 WTO，在吸引外资的同时鼓励本土企业"走出去"，同时国家颁布有关并购交易的法规制度，大大激发了我国上市公司的并购热情，近几年来，并购交易数量呈现逐年快速递增态势，其中上市公司的连续并购与频繁并购现象与日俱增。例如，长沙中联重科（000157）仅在 2008 年内即完成 5 起海内外并购。根据 Doukas 和 Petmezas（2007）的观点以及考虑我国上市公司并购的特点以及数据的可获得性，本研究的并购频率以每年发生 2 次以上并购交易的收购公司为研究样本，将其定义为高频率并购。综上所述，本书提出假设 H2：

H2：相较于理性管理者，中国上市公司的过度自信管理者更可能驱动高频率并购活动的发生。

5.2.2 并购频率的样本选择与数据来源

本节根据被解释变量——公司是否发生高频率的并购事件，以及相关变量的度量，以 2004—2012 年沪深两市 A 股主板上市公司发起的并购事件为基本研究样本，主要通过以下渠道获取数据：（1）并购基本数据来源于国泰安数据服务中心（CSMAR）提供的中国上市公司并购重组研究数据库。对于 CSMAR 中记录不完整的数据，通过查找 WIND 资讯的并购数据库予以核对；（2）管理者的特征数据来源于国泰安数据服务中心（CSMAR）提供的中国上市公司治理结构研究数据库，对于 CSMAR 中记录不完整的数据，以新浪财经人物库、上海证券交易所与深圳证券交易所网站公告的数据作为补充；（3）上市公司的基本特征数据以及财务特征等数据来源于国泰安数据服务中心（CSMAR）提供的中国上市公司财务报表数据库、上市公司财务指标分析数据库、上市公司治理结构研究数据库、上市公司股东研究数据库和股票市场交易数据库。

在样本的选择过程中进行如下筛选：（1）以 2004 年作为研究起始时间点是因为我国上市公司披露并购交易的信息数据自 2004 年才开始相对较为完整。（2）由于有些并购交易在其公告发布后，要经过一段时间才能确定该并购事件是否成功，所以本书将样本最终的研究时间限定在 2012年。通过长达 9 年的窗口期，可更有利地观察并购选择的影响因素对并购行为所产生的作用（方向、程度等）。（3）剔除 CSMAR 并购重组数据库中标注"交易失败"的并购事件。（4）剔除其中发生股份回购、资产剥离、债务重组以及难以区分交易地位的资产置换事件。（5）剔除发生行政划转、无偿受让、司法裁定、继承赠予等不符合市场化交易的并购事件。（6）剔除重大资产购买等非并购意义上的交易事件。（7）剔除所有金融、保险行业的并购样本。（8）剔除并购交易事项当年处于 ST 类样本。（9）剔除数据缺失或数据异常的并购样本。经过以上步骤的筛选，最终得到有效的观察值 3 383。

5.2.3　并购频率的变量定义与模型构建

1）被解释变量

被解释变量 Fre 代表本书中的并购频率（MA_Fre）或并购频繁程度，主要采用高频率并购（HFre）来表示。高频率并购被定义为一个二元变量，当上市公司每年并购次数大于 1 次时[①]，本书称其为高频率（High Frequency）并购，HFre 赋值为 1；当公司每年只发生 1 次并购时，HFr 赋值为 0。

2）管理者过度自信的度量

代表一组个人特征变量的 X1′：年龄（AGE）、性别（GENDER）、教育背景（EDU）、并购经验（L.Fre），以及代表一组管理者所处的外部环境变量的 X2′：相对薪酬（COMMIT）、竞争（COMPETE）、声望

87

[①] Doukas 和 Petmezas（2007）认为 3 年内发生 5 次并购可算为频繁并购，年平均并购次数为 1.7 次。由于本书研究的并购次数是以年为单位统计的，因此将每年发生 1 次以上的并购称为高频率并购。

（PRESTIGE）。

影响并购频率的管理者过度自信变量说明表见表5-7。

表5-7 **影响并购频率的管理者过度自信变量说明表**

变量名称	变量标识	变量说明	预期与过度自信的关系	文献来源
年龄	AGE	CEO的年龄	正	Crawford 和 Stankov（1996），Malmendier 和 Tate（2008）
			负	Bertrand 和 Schoar（2003）
性别	GENDER	男性赋值为1；女性赋值为0	正	Deaux 和 Emswiller（1974），Barber 和 Odean（2001），Soll 和 Klayman（2004），Dunning 等（2003），Graham 等（2005）
			不确定	Lundeberg 等（1994）
			无	Deaves 等（2003），Lundeberg 等（2000）
教育背景	EDU	本科及以下赋值为0；硕士及以上赋值为1	正	Graham 等（2005），Bertrand 和 Schoar（2003）
			负	Lundeberg 等（1994）
并购经验	L.Fre	上一会计年度发生并购事件的频率	正	Wolosin 等（1973），Kirchler 和 Maciejovsky（2002），Rovit（2003），Allen 和 Evans（2005），Aktas 等（2005），Brown 等（2006）
相对薪酬	COMMIT	薪酬前三位高管的薪酬比例	正	Hayward 和 Hambrick（1980），Brown 和 Sarma（2006）
竞争	COMPETE	公司高管的数量	正	Goel 和 Thakor（2002）
声望	PRESTIGE	CEO同时兼任董事长赋值为1；否则赋值为0	正	Malmendier 和 Tate（2008）

（1）代表一组个人特征变量的X1'中各变量与管理者过度自信的关系如下：

①年龄（AGE）度量公司管理者年龄的实际值。年龄与个人的过度自信水平呈正或负相关关系是值得商榷的。例如，Crawford和Stankov（1996）选择18~85岁的人群作为研究对象时发现，当面临常识性问题与一般性推理任务时，年长的人会表现出更高的过度自信水平。Malmendier和Tate（2008，2011）的研究得出同样的结论，他们认为出生在19世纪30年代的人们更趋向于过度自信，可能是因为他们经历了世界大战。另一方面，Bertrand和Schoar（2003）发现年轻人会比与之相似的年长的人更过度自信。Carlsson和Karlsson（1970）、Vroom和Pahl（1971）的研究表明年龄较长的管理者倾向于采取风险较少的决策。Kovalchik、Camerer和Grether等（2005）在对年龄与经济决策行为间的关系进行的研究同样发现，相较于年龄小的人员，年龄较长的人员在经济决策过程中会表现出较低的过度自信水平。Forbes（2005）得出相似的结论，相对于年龄较小的管理者，年龄较长的管理者可能由于其拥有更丰富的经营管理经验，因此他们过度自信的水平可能较低。在本书的实证研究中采用AGE度量公司管理者年龄的实际值。

②性别（GENDER）。传统观点认为男性会比女性表现出更高的自信水平（Deaux和Emswiller，1974；Barber和Odean，2001；Soll和Klayman，2004）。例如，Dunning等（2003）在让研究对象评估自己所完成的具有典型男性导向的任务（即科学任务）时发现，女性的表现与其男性同伴相似时她们却往往认为自己做得不如他们。此外，Graham等（2005）进行的盖洛普（Gallup）投资者调查的电话访问的实证结果得出投资者自我认知能力与性别（如果是男性）呈正相关关系。我国学者杨青（2007）发现在我国证券市场上男性交易者较女性交易者更倾向于过度自信。庞建勇和王凯（2009）借鉴江晓东（2006）的实证研究，通过收集漳州一家证券营业部的账户交易数据及相应的性别属性对此做了一些实证研究。研究结果显示，在10个月的样本期中，只有1月的男女月度换手率均值差异通不过5%的显著性检验，其他9个月的数据都表明男性投资者的月度换手率显著高于女性投资者，男性投资者比女性投资者更容易过度自

信。然而 Lundeberg 等（1994）对过度自信的研究中发现仅当受访者的测试答案是错误时才表现出男性过度自信程度超过女性，而当受访者的回答正确时，过度自信的性别差异不显著。此外，Deaves 等（2003）在对大学生进行计算机交易实验时发现过度自信的性别差异（由标准误差进行度量）不显著。Lundeberg 等（2000）在对同一文化背景下的男性与女性进行比较后也没有发现整体上的过度自信性别差异。Biais 等（2005）认为过度自信并不存在性别差异。在本书的实证研究中公司的管理者为男性时，GENDER 赋值为 1；女性则赋值为 0。

③教育背景（EDU）。管理者所受教育程度可以部分地解释他们的自信水平。然而，关于自信水平与教育程度间的正向或负向关系，不同的研究呈现出相冲突的结论。一般认为，管理者受教育程度越高，其自信程度可能会越强，因为从心理学的角度讲，当决策出现好的结果时，管理者往往会将其归功于自己对决策所拥有的知识，而一旦出现坏的结果，管理者就会归咎为差的运气。如 Bantel 和 Jackson（1989）认为高管成员学历越高对公司的战略变化越有利；Heath 和 Tversky（1991）的研究结果表明，管理者在认为其对所做的决策拥有更多的知识时，往往会更倾向于过度自信；Landier 和 Thesmar（2009）的研究也发现，教育程度较高的企业家对自己的想法越乐观。然而也有学者认为，随着教育水平的提高，人们的过度自信水平会弱化。这是因为教育水平越高，人们的知识面越宽，掌握的知识越丰富，因此在决策时，会更全面地考虑问题，从正反两个方面获取相关信息，从而减少决策时所产生的判断偏差。Graham 等（2005）对投资者自我认知能力的实证研究发现过度自信水平与大学及研究生学历呈正相关关系。然而，Lundeberg 等（1994）发现相对于男性和女性的研究生以及女性大学生而言，男性大学生在他们的判断是错误的时候往往表现得极为过度自信。在本书实证研究的设计中，当公司管理者的学位为硕士及以上时，EDU 赋值为 1；本科及以下时赋值为 0。

④并购经验（L.Fre）。并购经验为公司上一个会计年度发生并购事件的频率。Kirchler 和 Maciejovsky（2002）实验研究了个人在虚拟资产市场中进行活动时的表现，结果发现过度自信程度与经验有关，且随着经验的增长过度自信的程度不断提高。Rovit（2003）的研究发现，管理者的过

度自信随着并购经验的增加而上升。Wolosin 等（1973）、Allen 和 Evans（2005）等也得到了类似的结论。在本书实证研究的研究中，L.Fre 的取值即为上一会计年度发生的并购事件频率。

其他变量定义参考本章5.1.3的设定。

为了研究与理性同侪相比，管理者的过度自信对企业并购频率的影响，本研究拟在控制公司特征（自由现金流量、内部信息、经营负债率、规模、投资机会、投资预期收益率、控股股东类型以及年度）的条件下，实证检验管理者过度自信对并购频率的影响。建立 Logistic 回归模型：

$$\ln\left(\frac{\text{Fre}}{1-\text{Fre}}\right) = \alpha + \beta_1 X1' + \beta_2 X2' + \beta_3 X3' + \varepsilon \tag{2}$$

其中，β 为回归系数，ε 为随机误差项。

回归系数 β 以并购发生比（Odds Ratio）的形式表示，即表示管理者过度自信的公司和非管理者过度自信的公司在并购频率的选择上存在显著的差异。

5.2.4　并购频率的实证检验与结果分析

1）描述性统计

表5-8与表5-9报告了并购频率及相关影响因素的描述性统计情况。其中，连续变量 FCF 表示自由现金流量，计算方法为每股自由现金流量×总股数；INFO 表示对数化的日股票换手率，计算方法为 ln（日均股票交易量/公司总市值）；LevRat 表示公司的负债经营比率，计算方法为期末负债总额/期末资产总额；$SIZE_1$ 与 $SIZE_2$ 分别代表对数化的期末总资产和对数化的期末股价[①]；$MVBV_1$ 与 $MVBV_2$ 分别代表不同市场价值测算方法下的市账比率，计算方法为公司市场价值/期末资产总额，其中在 $MVBV_1$ 的测算中，用净资产代替公司非流通股市值进行测算，在 $MVBV_2$ 的测算中，用流通股股价代替公司非流通股市值进行测算[②]；ROI_1 与 ROI_2 分别

[①]　根据 Ferguson 和 Shockley（2003）的结论，在只根据股权而忽视债务的基础上所构建的市场投资组合指标将会导致管理者做出错误的预测，因此在本书的稳健性检验中采用不同测算方式的 $SIZE_2$ 替代 $SIZE_1$。

[②]　曹凤岐（2007）认为，市值管理并非是直接对股票价格进行管理，应该是通过对企业内在价值与外在价值的综合管理得到提升。股东权益代表的内在价值是本，而市场价值是外在价值，反映的是市场表现。对于我国弱式有效资本市场，上市公司的内在价值与市场价值是不吻合的，因此稳健性检验中采用不同测算方式的 $MVBV_2$ 替代 $MVBV_1$。

为不同方式测算的预期收益率，其中，ROI_1的计算方法为净利润／期末资产总额，ROI_2的计算方法为净利润／期末平均资产总额[①]；AGE表示公司管理者的年龄；COMMIT表示公司薪酬前三位高管的薪酬比例，计算方法为薪酬最高的前三位高管薪酬之和/全部高管薪酬总和；$COMPET_1$与$COMPETE_2$分别表示公司高管人员数量和董事会人数；分类变量HFre、GENDER、EDU、PRESTIGE分别表示公司上一年度发生并购的频率、公司CEO性别、学历以及CEO是否兼任董事长。

表5-8　　并购频率及相关影响因素的描述性统计（连续性变量）

变量名称	观测值	均值	标准差	最小值	中位数	最大值
L.Fre	4 962	0.89	1.62	0	0	18
FCF	3 477	0.18	5.96	−196.57	0.072117	243.20
INFO	5 331	5.49	1.06	−5.38	5.59765	8.10
LevRat	5 447	0.55	0.70	0.01	0.512491	18.84
$SIZE_1$	5 446	21.69	1.41	13.08	21.53229	30.37
$SIZE_2$	5 388	15.11	1.2	10.42	14.99217	21.5
$MVBV_1$	5 435	2.13	13.69	0.18	1.357311	955.1
$MVBV_2$	5 164	3.10	39.49	−651.47	1.738329	2 512.6
ROI_1	5 446	0.03	0.77	−51.30	0.038003	22.01
ROI_2	5 445	0.05	0.31	−1.72	0.04158	20.79
AGE	5 405	50.38	7.15	26	50	85
COMMIT	5 405	0.42	0.14	0.01	0.393286	1
$COMPETE_1$	5 437	6.38	2.65	0	6	64
$COMPETE_2$	5 437	9.16	2.17	0	9	20

[①]　预期收益率具有滞后性、主观性，是一种模拟计算变量，为了结果的可靠性，在本书的稳健性检验中采用不同测算方式的ROI_1替代ROI_2。

表5-9　　　　并购频率及相关影响因素的描述性统计（分类变量）

变量名	变量分类	分类变量取值	频数	频率（%）
HFre	某年并购次数为1	0	3 114	57.17
	某年并购次数大于1	1	2 333	42.83
GENDER	女性	0	276	5.08
	男性	1	5 160	94.92
EDU	本科及以下	0	3 979	73.2
	硕士及以上	1	1 457	26.8
PRESTIGE	董事长不兼任总经理	0	4 447	81.79
	董事长兼任总经理	1	990	18.21
STATE	非国有控股	0	3 370	61.98
	国有控股	1	2 067	38.02

表5-8与表5-9分别从连续变量和分类变量的角度对影响并购频率的因素进行统计性分析。从样本总体的结果来看，高频并购发生的频数是2 333，约占并购发生总数量的43%，说明样本中发生高频并购的企业约占并购总量的一半；在上一会计年度有并购事件发生的并购样本中，平均发生约0.89次并购事件，其中的最小值与中位数皆为0，而最大值为18，说明发生并购的公司间所采取的并购态度是有很大差别；在CEO的相对薪酬方面，从总体样本中剔除了CEO薪酬综合数据缺失的样本、考察年份CEO发生变更的样本后，得到5 405个CEO相对薪酬的数据，均值为0.42，所占比率较高，该比率越高说明管理者越过度自信；公司内对CEO构成竞争的高管的大部分数量为4~8名，该数值越大，说明对管理者职位构成的竞争越激烈；在样本公司中，CEO的平均年龄约为50岁，大部分CEO的年龄为43~57岁；女性CEO占全部CEO的比率只有5.08%，而男性CEO则占绝大多数（94.92%）；在本书研究的样本中，获得硕士以上学历的CEO约占本科及以下学历CEO的1/3；CEO一人兼董事会主席两职的人数约占非兼两职人数的五分之一；国有控股公司样本数占总样本数的比率约为40%。

2）相关性分析

并购频率及其影响因素的相关性检验见表5-10。

表 5－10

并购频率及其影响因素的相关性检验

	HFre	LFre	FCF	INFO	LevRat	SIZE₁	MVBV₁	ROI₁	STATE	YEAR	AGE	GENDER	EDU	COMMIT	COMPETE₁	PRESTIGE
HFre	1															
LFre	0.1232*	1														
FCF	0.0144	-0.00820	1													
INFO	-0.0554*	-0.0255	-0.0343*	1												
LevRat	0.0224	0.0102	-0.1872*	0.1265*	1											
SIZE₁	0.0768*	0.015*	0.00500	-0.1756*	-0.0928*	1										
MVBV₁	-0.00870	-0.0180	-0.3995*	-0.0246	0.1026*	-0.0634*	1									
ROI₁	0.0197	0.0740*	0.5526*	-0.0834*	-0.2614*	0.0740*	-0.1469*	1								
STATE	-0.0182	-0.0151	-0.0306	0.164*	0.029	0.1445*	-0.00180	-0.0245	1							
YEAR	0.0567*	0.0797*	0.0470*	-0.0807*	-0.0496*	0.0957*	0.0248	0.0223	-0.3826*	1						
AGE	-0.0278*	0.0103	0.0122	-0.0727*	-0.0471*	0.1645*	0.00810	-0.00740	0.00480	0.1191*	1					
GENDER	-0.0165	-0.00140	0.00660	0.00370	-0.0186	0.0448*	0.00400	0.00260	0.0465*	-0.0251	0.0343*	1				
EDU	0.00570	0.0305*	0.0272	-0.1049*	-0.0289*	0.499*	-0.0146	0.00510	-0.0103	0.1016*	-0.1086*	0.0227	1			
COMMIT	-0.00880	-0.0648*	0.0233	0.0635*	0.0730*	-0.1694*	0.0424*	-0.00910	-0.0685*	-0.0217	-0.0657*	-0.1409*	-0.0406*	1		
COMPETE₁	0.0385*	0.0845*	0.00780	-0.1219*	-0.0563*	0.2153*	-0.0389*	0.0145	0.0929*	0.0657*	0.0986*	0.0762*	0.0774*	-0.4486*	1	
PRESTIGE	-0.00800	-0.0220	-0.0291	-0.0728*	-0.0560*	-0.1106*	0.0340	-0.00960	-0.1604*	0.1160*	-0.0995*	-0.0234	0.0354*	0.1295*	-0.00990	1

注1：*表示显著性水平<0.05。

注2：SIZE₁与SIZE₂，MVBV₁与MVBV₂，ROI₁与ROI₂，COMPETE₁与COMPETE₂分别为改变计算方式所测算的替代变量，具有显著共线性，因此，此处仅列示其中一个。经测算，三组替代变量与其他变量间的相关性方向和显著程度均一致。

由表5-10中各有关变量之间的Pearson相关系数得知，公司发生并购的频率（HFre）与既往公司发生并购事件的频率（L.Fre）、公司规模（SIZE）、高管人数（COMPETE）呈显著正相关关系，而与日股票换手率（INFO）、年龄（AGE）呈显著负相关关系。该结果初步验证了本书的预期，公司规模与高管人数对频繁的并购行为选择起到促进作用，换言之，公司规模越大，融资成本越低，越会选择频繁地进行并购活动；对CEO职位构成竞争威胁的高管人数越多，管理者越倾向过度自信地实施高频率的并购项目；日股票换手率越频繁，管理者的并购频率越低；管理者的年龄越轻则越倾向于过度自信，越会频繁地进行并购。

3）Logistic 回归分析

表5-11是将公司是否选择实施高频的并购作为因变量，将各个相关的影响因素作为解释变量，对企业并购频率与管理者过度自信进行的Logistic回归分析。

表5-11　　　　　　　**并购频率及其影响因素的Logistic回归结果**

	（1） HFre	（2） HFre	（3） HFre	（4） HFre
L.Fre	0.165*** （0.0268）	0.161*** （0.0270）	−0.0239 （0.0960）	0.164*** （0.0366）
FCF	0.00380 （0.00727）	0.00346 （0.00727）	0.133 （0.138）	0.0684 （0.0481）
INFO	−0.103*** （0.0361）	−0.109*** （0.0361）	−0.229 （0.217）	−0.0539 （0.0487）
LevRat	0.102 （0.0788）	0.106 （0.0745）	−1.455 （1.018）	0.152 （0.0932）
SIZE1	0.107*** （0.0294）	0.104*** （0.0293）	0.0754 （0.146）	0.154*** （0.0407）
MVBV1	0.0172 （0.0161）			
ROI1	−0.128 （0.258）	−0.0811 （0.257）	1.675 （3.329）	0.291 （0.418）
STATE	−0.0557 （0.0795）	−0.0840 （0.0807）	−0.668 （0.482）	0.0394 （0.102）

续表

	（1）HFre	（2）HFre	（3）HFre	（4）HFre
YEAR	0.0533*** (0.0151)	0.0581*** (0.0156)	−0.0202 (0.0860)	0.0647*** (0.0203)
AGE		−0.0159*** (0.00511)	−0.0135 (0.0277)	−0.0178*** (0.00623)
GENDER		−0.191 (0.166)	−1.396 (0.863)	0.135 (0.216)
EDU1		−0.0483 (0.0824)		
COMMIT1		0.555* (0.292)	3.197** (1.484)	0.446 (0.364)
COMPETE		0.0446*** (0.0162)	0.114 (0.0784)	0.0172 (0.0213)
PRESTIGE		−0.102 (0.0940)		
_CONS	−109.2*** (30.26)	−118.2*** (31.22)	40.33 (172.2)	−132.9*** (40.57)
N	3 383	3 370	188	2 043
Pseudo R^2	0.0117	0.0151	0.1070	0.0175

Standard errors in parentheses

* $p < 0.1$, ** $p < 0.05$, *** $p < 0.01$

在表5-11中：

第（1）列呈现的是对全样本的仅含控制变量（自由现金流量、日股票换手率、举债经营比率、公司规模、市账比率、总资产净利润率、实际控制人及年份）的回归结果。

第（2）列的Logistic回归呈现的是在第一列的基础上（包含控制变量），加入表示管理者过度自信的变量（CEO年龄、性别、教育程度、前三位高管薪酬比例、高管人数、CEO是否身兼董事会主席）后的回归结果。

第（3）列和第（4）列分别报告了对过度自信子样本数据的Logistic回归结果，第（3）列样本筛选的范围为CEO的教育背景为研究生及以上

学历、CEO 且兼任公司董事会主席（EDU1=1；PRESTIGE=1）；第（4）
列的管理者过度自信中的教育背景与声望两个变量的样本筛选范围更替为
CEO 学历本科及以下且 CEO 不兼任公司董事会主席（EDU=0；
PRESTIGE=0）。

表 5-11 的 Logisic 回归结果表明：

（1）影响管理者过度自信的个人特征替代变量——经验，其与高频率
并购的发生呈显著的正相关关系，也就是说既往管理者选择并购事件发生
的频率将显著地正向影响着本次并购频率的发生。

（2）影响管理者过度自信的个人特征替代变量——年龄，其与高频率
并购的发生呈显著负相关关系，也就是说，较年轻的管理者更倾向于过度
自信，较为年轻的管理者会存在更高的倾向去频繁实施并购活动，该结果
一方面体现了年轻人比年长者更为进取、更愿意做出新的尝试，但同时也
说明较年轻的管理者在职业生涯中会较年长的管理者表现出更高程度的过
度自信，从而更倾向于高频率地投资并购项目。

（3）影响管理者过度自信的外部环境替代变量——前三位高管薪酬比
例，其对高频率的并购事件的影响是显著正向的，换言之，前三位高管薪
酬比例越高，管理者会越高频率地进行并购活动。高管的相对薪酬比例越
高，在公司的地位越高，对公司的控制能力越强，越倾向于过度自信，高
估自己的能力，从而高频率地实施并购。

（4）影响管理者过度自信的外部环境替代变量——高管人员数量，与
高频率的并购事件呈显著正相关关系，表明公司中的高管人员数量越多，
管理者职位的竞争性越强，其他高管的晋升机会对于公司的管理者构成的
潜在职位竞争压力越大，因此，为了稳固自己的职位，管理者会出于过度
自信的非理性行为去进行频繁的并购；另一方面，管理者能够在多位高管
中脱颖而出，也会有潜在的过度自信心理，他们可能会一意孤行地去投资
某项并购活动。

以上管理者过度自信的四个替代变量对高频率并购发生显著的作用，
充分证明了本书的假设 H2：相较于理性管理者，中国上市公司的过度自
信管理者更可能驱动高频率并购活动的发生。

（5）在回归结果的第（4）列，在 CEO 拥有较低学历且不兼任董事会

主席（EDU=0；PRESTIGE=0）时，管理者的频繁并购行为与公司规模呈显著正相关关系，当公司规模每增加一个单位，管理者高频并购与非高频并购比值（$p_{大于1次}/p_{1次}$）约增加0.2个单位，正如上文所预期的，公司的规模越大，融资成本越低，过度自信的管理者越倾向于频繁并购。

4）稳健性检验

为了使本章的研究结果更为稳健，本书进行了如下两方面的检验：

（1）替换主要变量。对Logistic回归结果的第（2）、（3）和（4）列的主要变量进行替换。其中公司规模以$SIZE_2$替换$SIZE_1$，即以对数化的期末股价替换对数化的期末总资产；公司的市账比率以$MVBV_2$替换$MVBV_1$，即以流通股股价/期末资产总额代替净资产/期末资产总额；预期收益以ROI_2替换ROI_1，即以净利润/期末平均资产总额替换净利润/期末资产总额。

（2）采用Probit模型对Logistic回归结果的第（2）、（3）和（4）列进行稳健性检验。Probit模型与Logistic模型都是应用于因变量是分类变量的情况，区别在于采用的分布函数不同，Logistic模型假设随机变量服从逻辑概率分布，而Probit模型假设随机变量服从正态分布，两种方法具有较强的关联性，非常适合用于稳健性检验。

并购频率及其影响因素的稳健性检验见表5-12。

表5-12　　　　　　　　并购频率及其影响因素的稳健性检验

	Logistic			Probit		
	（1）	（2）	（3）	（4）	（5）	（6）
	HFre	HFre	HFre	HFre	HFre	HFre
L.Fre	0.152***	-0.0265	0.156***	0.0945***	-0.0147	0.0961***
	(0.0270)	(0.0977)	(0.0367)	(0.0155)	(0.0605)	(0.0210)
FCF	0.000124	0.126	0.0576	0.00270	0.0822	0.0491
	(0.00712)	(0.137)	(0.0466)	(0.00421)	(0.0801)	(0.0304)
INFO	-0.0400	-0.0708	0.0305	-0.0722***	-0.157	-0.0200
	(0.0438)	(0.257)	(0.0588)	(0.0239)	(0.137)	(0.0334)
LevRat	0.103	-1.900*	0.141	0.0489	-0.788	0.0700
	(0.0747)	(1.113)	(0.0920)	(0.0460)	(0.634)	(0.0588)

	Logistic			Probit		
	(1)	(2)	(3)	(4)	(5)	(6)
	HFre	HFre	HFre	HFre	HFre	HFre
$SIZE_1$				0.0523***	0.0436	0.0768***
				(0.0190)	(0.0897)	(0.0273)
$MVBV_1$				0.0114	0.00486	0.0275
				(0.0113)	(0.0950)	(0.0278)
ROI_1				−0.0394	0.855	0.428
				(0.176)	(2.415)	(0.351)
STATE	−0.0905	−0.857*	0.0357	−0.0591	−0.465	0.0174
	(0.0860)	(0.519)	(0.110)	(0.0530)	(0.300)	(0.0676)
YEAR	0.0268	−0.0462	0.0309	0.0216*	−0.0247	0.0253*
	(0.0187)	(0.108)	(0.0247)	(0.0114)	(0.0612)	(0.0150)
AGE	−0.0138**	−0.0419	−0.0134**	−0.00848**	−0.0140	−0.00837**
	(0.00546)	(0.0302)	(0.00665)	(0.00335)	(0.0174)	(0.00408)
GENDER	−0.160	−1.128	0.154	−0.126	−0.810	0.0682
	(0.174)	(0.843)	(0.226)	(0.108)	(0.514)	(0.140)
EDU	−0.0368			−0.0182		
	(0.0864)			(0.0533)		
COMMIT	0.192	3.274**	0.217	0.264	1.925**	0.165
	(0.285)	(1.447)	(0.364)	(0.194)	(0.920)	(0.244)
$COMPETE_1$				0.0231**	0.0730	0.00696
				(0.0108)	(0.0472)	(0.0144)
PRESTIGE	−0.0605			−0.0598		
	(0.0985)			(0.0609)		
$SIZE_2$	0.207***	0.457*	0.211***			
	(0.0415)	(0.260)	(0.0542)			
ROI_2	0.00646	−0.00195	0.00882			
	(0.00897)	(0.120)	(0.0110)			
$COMPETE_2$	0.00520	−0.0866	0.417			
	(0.469)	(3.690)	(0.613)			
_CONS	−0.0153	0.190	−0.0152			
	(0.0193)	(0.117)	(0.0252)			
N	−56.32	86.84	−65.30	−44.18*	49.79	−52.41*
Pseudo R^2	(37.56)	(217.6)	(49.53)	(22.92)	(122.8)	(30.04)

Standard errors in parentheses

* $p < 0.1$, ** $p < 0.05$, *** $p < 0.01$

由表 5-12 可以看出，在上述两种方式的检验结果中，回归方程的系数方向及显著性具有相近性，因此说明本研究的回归结果具有一定的稳健性。

5.3 ——————————— 本章小结 ———————————

（1）本章基于理论分析提出了两个研究假设，H1a：中国上市公司的管理者存在过度自信认知偏差，且管理者的过度自信与企业的并购行为选择呈正相关关系。H1b：既往的并购经验会促使过度自信的管理者选择并购行为。在此基础上，选取 2004—2012 年发生并购事件的 A 股主板上市公司的数据库进行假设检验，得到结论如下：

①相对于上一个会计年度未发生并购的企业来说，已发生并购的企业本年的并购与未并购发生比例的对数值 $\ln(p_{并购}/p_{不并购})$ 约增加 0.5，说明有过并购经验的管理者更倾向于选择并购行为，该结果支持本书假设 H1b。

②反映管理者过度自信的替代变量中较年轻的管理者与并购行为选择呈正相关关系，女性与并购行为的关系也是正向的，从而在一定程度上验证了假设 H1a，说明我国上市公司中的较年轻的管理者与女性管理者过度自信水平可能更高，从而更倾向于从事并购活动。

③过度自信管理者所在公司的举债经营比率对并购的选择产生显著的正向作用，$\ln(p_{并购}/p_{不并购})$ 约增加 0.1，可能说明过度自信的管理者会通过债务融资提高公司财务杠杆率的方式对并购项目进行投资，从而增加了公司的风险。这可能是过度自信的管理者由于对并购项目未来协同效应的过高估计导致其采取更高风险的债务融资策略。

④过度自信管理者所在公司规模与并购行为选择呈正向关系，$\ln(p_{并购}/p_{不并购})$ 约增加 0.1，说明公司规模越大，越会得到较低的融资成本，从而过度自信的管理者倾向于做出并购决策。

（2）本章基于理论分析提出研究假设 H2：相较于理性管理者，中国上市公司的过度自信管理者更可能驱动高频率并购活动的发生。在此基础上加入一组公司特征的控制变量（自由现金流量、日股票收益率、负债经营率、规模、市账比率、预期收益率以及控制人类型和年份）后，通过实证研究对管理者过度自信与公司是否选择高频率并购行为之间的关系进行探索分析，得出结论如下：

①影响管理者过度自信的个人特征替代变量——经验，其与高频率并购的发生呈显著的正相关关系，也就是说既往管理者选择并购事件发生的频率将显著地正向影响着本次并购频率的发生。

②年龄与高频率并购的发生呈显著负相关关系，也就是说，较年轻的管理者更倾向于过度自信，较为年轻的管理者会存在更高的倾向去频繁地实施并购活动，该结果一方面体现了年轻人比年长者更为进取、更愿意做出新的尝试，但同时也说明较年轻的管理者在职业生涯中会较年长的管理者表现出更高程度的过度自信，从而更倾向于高频率地投资并购项目。

③前三位高管薪酬比例对高频率的并购事件的影响是显著正向的，换言之，前三位高管薪酬比例越高，管理者会越高频率地进行并购活动。高管的相对薪酬比例越高，在公司的地位越高，对公司的控制能力越强，越倾向过度于自信，高估自己的能力，从而高频率地实施并购。

④高管人员数量与高频率的并购事件呈显著正相关关系，表明公司中的高管人员数量越多，管理者职位的竞争性越强，其他高管的晋升机会对公司的管理者构成的潜在职位竞争压力越大，因此，为了稳固自己的职位，管理者会出于过度自信的非理性行为去进行频繁的并购；另一方面，管理者能够在多位高管中脱颖而出，也会有潜在的过度自信心理，他们可能会一意孤行地去投资某项并购活动。

管理者过度自信样本中的四个替代变量对高频率并购发生显著的作用，充分证明了本书的假设H2：相较于理性管理者，中国上市公司的过度自信管理者更可能驱动高频率并购活动的发生。

⑤过度自信管理者所在公司规模与并购行为选择呈正向关系，$\ln（p_{大于1次}/p_{1次}）$约增加0.1，说明公司规模越大，越会得到较低的融资成本，从而过度自信的管理者更倾向于做出并购决策。

第 6 章

管理者过度自信与并购特征的实证分析

6.1 管理者过度自信与并购对价方式

6.1.1 并购对价方式的理论分析与研究假设

行为财务学的相关研究文献表明，过度自信的管理者会高估收购后并购公司所产生的协同效应，同时也会认为证券市场的即时股票价格并未考虑到收购后的长期收益，而是估价偏低，因此，过度自信的管理者出于公司股东财富最大化、不稀释公司原股东控制权的考量，会在公司自有现金流充足时对目标公司采用现金对价。当 CEO 高估公司的未来价值（或是由于通胀的投资或是由于项目收益夸大并购协同效应），而理性的投资者能够正确地评估公司的未来价值时，投资者会要求用资本来换取极大的持股比例。换言之，过度自信管理者认为市场（股票投资者抑或目标公司股东）低估自己公司的股票。Malmendier 和 Tate（2005，2008，2011）研究是否过度自信 CEO 在并购活动中，有着较高的换股对价倾向，而不是通过现金对价完成收购。在控制了公司的低估价值、市账比率、CEO 个人股票与期权的持有以及公司规模后，Logistic 回归显示被低估价值公司的过度自信 CEO 确实倾向于现金对价方式。因此，本书提出假设 H3：

H3：管理者的过度自信影响着企业并购的对价方式，管理者过度自信程度越高，在收购中越倾向于采用非股权对价方式完成并购。

与过度自信无关的理由认为企业可能更愿意采用现金对价而非股权对价完成并购。正如既往文献所提，如果投资者认为只有当内部信息披露股票被高估时公司会采用股权对价，那么市场对发行股票或是换股将不会积极反应（Myers 和 Majluf，1984）。Travlos（1987）检验并确认信号理论，发现并购公司会采用现金作为并购的对价方式，这些公司经历着"正常的"或非负的超额收益。然而当采用换股方式，并购公司经历着显著的损失。鉴于此点，本书假设过度自信 CEO 将在并购中更不太可能对目标公司采取换股并购。

6.1.2　并购对价方式的样本选择与数据来源

本节根据被解释变量——会计年度内公司发生并购的对价方式选择，以及相关变量的度量，以2004—2012年发起并购事件的 A 股主板上市公司的数据库中提取相关的数据进行假设检验。并购的基本数据、CEO 的个人特征数据、上市公司的基本特征数据以及财务特征数据来源于国泰安数据服务中心（CSMAR），对于 CSMAR 中记录不完整的数据，本书通过查找 WIND 资讯、新浪财经人物库以及上海证券交易所与深圳证券交易所网站公告的数据作为补充。

样本的选择过程中进行如下筛选：（1）以2004年作为研究起始时间点是因为我国上市公司披露并购交易的信息数据自2004年才开始相对较为完整。（2）由于有些并购交易在其公告发布后，要经过一段时间才能确定该并购事件是否成功，所以本书将样本最终的研究时间限定在2012年。通过长达9年的窗口期，可更有利地观察并购选择的影响因素对并购行为所产生的作用（方向、程度等）。（3）剔除 CSMAR 并购重组数据库中标注"交易失败"的并购事件。（4）剔除其中发生股份回购、资产剥离、债务重组以及难以区分交易地位的资产置换事件。（5）剔除发生行政划转、无偿受让、司法裁定、继承赠予等不符合市场化交易的并购事件。（6）剔除重大资产购买等非并购意义上的交易事件。（7）剔除所有金融、保险行业的并购样本。（8）剔除并购交易事项当年处于 ST 类样本。（9）剔除数据缺失或数据异常的并购样本。经过以上步骤的筛选，共获得 22 281 次并购交易。

6.1.3　并购对价方式的变量定义与模型构建

1）被解释变量

被解释变量是并购对价方式（Pay）。它被定义为一个二元变量，衡量收购公司在完成的并购交易中，如果交易的对价是非股权（NOEQUITY）的混合方式，则赋值为1；否则赋值为0。稳健性检验中，Pay 代表对价方式为现金的概率。收购公司在完成的并购活动中，若对价方式是 100% 现金（CASH）方式，则赋值为1；否则赋值为0。

2）管理者过度自信的度量

代表一组个人特征变量的 $X1'$：年龄（AGE）、性别（GENDER）、教育背景（EDU）。代表一组管理者所处的外部环境变量的 $X2'$：相对薪酬（COMMIT）、竞争（COMPETE）、声望（PRESTIGE）。

（1）代表一组个人特征变量的 $X1'$ 中各变量与管理者过度自信的关系如下：

①年龄（AGE）度量公司管理者年龄的实际值。年龄与个人的过度自信水平呈正或负相关关系是值得商榷的。例如，Crawford 和 Stankov（1996）选择 18~85 岁的人群作为研究对象时发现，当面临常识性问题与一般性推理任务时，年长的人会表现出更高的过度自信水平。Malmendier 和 Tate（2008，2011）的研究得出同样的结论，他们认为出生在 19 世纪 30 年代的人们更趋向于过度自信，可能是因为他们经历了世界大战。另一方面，Bertrand 和 Schoar（2003）发现年轻人会比与之相似的年长的人更过度自信。Carlsson 和 Karlsson（1970）、Vroom 和 Pahl（1971）的研究表明年龄较长的管理者倾向于采取风险较少的决策。Kovalchik、Camerer 和 Grether 等（2005）在对年龄与经济决策行为间的关系进行的研究同样发现，相较于年龄小的人员，年龄较长的人员在经济决策过程中会表现出较低的过度自信水平。Forbes（2005）得出相似的结论，相对于年龄较小的管理者，年龄较长的管理者可能由于其拥有更丰富的经营管理经验，因此他们过度自信的水平可能较低。在本书的实证研究

中采用AGE度量公司管理者年龄的实际值。

②性别（GENDER）。传统观点认为男性会比女性表现出更高的自信水平（Deaux 和 Emswiller，1974；Barber 和 Odean，2001；Soll 和 Klayman，2004）。例如，Dunning 等（2003）在让研究对象评估自己所完成的具有典型男性导向的任务（即科学任务）时发现，女性的表现与其男性同伴相似时她们却往往认为自己做得不如他们。此外，Graham 等（2005）进行的盖洛普（Gallup）投资者调查的电话访问的实证结果得出投资者自我认知能力与性别（如果是男性）呈正相关关系。我国学者杨青（2007）发现在我国证券市场上男性交易者较女性交易者更倾向于过度自信。庞建勇和王凯（2009）借鉴江晓东（2006）的实证研究，通过收集漳州一家证券营业部的账户交易数据及相应的性别属性对此做了一些实证研究。研究结果显示，在10个月的样本期中，只有1月的男女月度换手率均值差异通不过5%的显著性检验，其他9个月的数据都表明男性投资者的月度换手率显著高于女性投资者，男性投资者比女性投资者更容易过度自信。然而Lundeberg 等（1994）对过度自信的研究中发现仅当受访者的测试答案是错误时才表现出男性过度自信程度超过女性，而当受访者的回答正确时，过度自信的性别差异不显著。此外，Deaves 等（2003）在对大学生进行计算机交易实验时发现过度自信的性别差异（由标准误差进行度量）不显著。Lundeberg 等（2000）在对同一文化背景下的男性与女性进行比较后也没有发现整体上的过度自信性别差异。Biais 等（2005）认为过度自信并不存在性别差异。在本书的实证研究中公司的管理者为男性时，GENDER 赋值为1；女性则赋值为0。

③教育背景（EDU）。管理者所受教育程度可以部分地解释他们的自信水平。然而，关于自信水平与教育程度间的正向或负向关系，不同的研究呈现出相冲突的结论。一般认为，管理者受教育程度越高，其自信程度可能会越强，因为从心理学的角度讲，当决策出现好的结果时，管理者往往会将其归功于自己对决策所拥有的知识，而一旦出现坏的结果，管理者就会归咎为差的运气。如 Bantel 和 Jackson（1989）认为高管成员学历越高对公司的战略变化越有利；Heath 和 Tversky（1991）的研究结果表明，管理者在认为其对所做的决策拥有更多的知识时，往往会更倾向于过度自

信；Landier和Thesmar（2009）的研究也发现，教育程度较高的企业家对自己的想法越乐观。然而也有学者认为，随着教育水平的提高，人们的过度自信水平会弱化。这是因为教育水平越高，人们的知识面越宽，掌握的知识越丰富，因此在决策时，会更全面地考虑问题，从正反两个方面获取相关信息，从而减少决策时所产生的判断偏差。Graham等（2005）对投资者自我认知能力的实证研究发现过度自信水平与大学及研究生学历呈正相关关系。然而，Lundeberg等（1994）发现相对于男性和女性的研究生以及女性大学生而言，男性大学生在他们的判断是错误的时候往往表现得极为过度自信。在本书实证研究的设计中，当公司管理者的学位为硕士及以上时，EDU赋值为1；本科及以下时赋值为0。

（2）代表一组管理者所处的外部环境变量的X2′中各变量与管理者过度自信的关系如下：

①相对薪酬（COMMIT）。相对薪酬是公司薪酬前三位高管的薪酬比例。管理者薪酬的相对比例可以帮助说明其过度自信行为，因为过度自信的管理者可能会关注薪酬激励所产生的影响力。薪酬最高的管理者相对于公司内的其他管理者的薪酬越高，说明他在公司内的地位越重要，对公司的控制力越强，也越易产生过度自信认知偏差，且随着薪酬相对比例的提高，过度自信程度越高（Hayward 和 Hambrick，1997）。Brown 和 Sarma（2006）的研究得出，管理者的薪酬比例越高，他的控制力越强。因为我国上市公司披露的信息中，并未包含每一位高官的薪酬数值，披露的只有薪酬前三位高管的薪酬总额以及所有高管的薪酬总额，因此，本书借鉴姜付秀等（2009）的研究，选择样本公司薪酬前三位高管的相对薪酬比例，即"薪酬最高的前三名高管薪酬之和/所有高管的薪酬之和"来表示[①]。COMMIT值越高，说明管理者过度自信水平越高。

②竞争（COMPETE）。竞争是公司中高管的数量。Goel 和 Thakor（2002）的研究发现，管理者过度自信的程度与公司中与其竞争晋升的高

---

① 由于我国上市公司的财务报告中只披露薪酬最高的前三名高管薪酬之和以及全部高管薪酬之和，因此，本书不能采用Hayward和Hambrick（1997）所采用的管理者中第一高的薪酬与第二高的薪酬比例进行衡量，只能根据我国上市公司的实际情况，用"薪酬最高的前三名高管薪酬之和/所有高管的薪酬之和"来表示，尽管各公司的高管数目各不相同，但是在此我们假定前三位高管作为一个整体代表公司的管理者，那么，该指标在一定程度上也能够反映出管理者在公司中的重要性，因此，本书的设计与Hayward和Hambrick（1997）的思想是相符的。

管数量呈正向关系。也就是说，在公司中存在的高管总数量越多，那么他们的晋升机会对于CEO来说构成越大的潜在的职位竞争。因此，为了稳固职位，公司的高管数量越多，管理者过度自信水平越高。在本研究的设计中，COMPETE代表公司高管人员的数量，高管人数越多，说明管理者过度自信水平越高。

③声望（PRESTIGE）。声望是CEO兼任董事长。Malmendier和Tate（2008，2011）发现过度自信行为会随着管理者头衔的增多而增加。管理者头衔的累积包括CEO兼任公司董事长。身兼数职的管理者，由于高度集权于一身，随着承担的责任越来越多，其过度自信的程度亦随之增加，从公司治理的角度来看，这也可解释董事会的弱警觉性使得管理者过度投资（Hayward和Hambrick，1997）。在公司中管理者被认为是声望追寻者，他们将并购活动的成功完全视为是提升自己声望的路径之一。本研究的设计中，如果CEO同时兼任董事长，PRESTIGE赋值为1；否则赋值为0。

107

3）代表一组控制变量的X3′

根据Heaton（2002）、Malmendier和Tate（2005，2008，2011）等学者的观点，过度自信的管理者认为资本市场低估了自己公司的价值，从而使其在并购时不愿意通过外部融资完成并购，更倾向于采用现金对价方式。本书在此基础上，借鉴Malmendier和Tate（2005）的方法，在稳健性检验中，在控制变量的基础上，加入代表公司被市场低估的控制变量UNDERVAL，当公司的市账比率（MVBV）小于行业均值时UNDERVAL赋值为1，否则赋值为0。

①自由现金流量（FCF）。Jensen（1986）提出，如果高管偏好掌控公司更多的资产，那么他可能会为了"帝国构建"的一己私利而热衷于将公司可动用的现金流进行非效率的投资。而市场也会解读出高管行为的利己倾向，并且将对潜在的过度投资的高管实行惩罚。Lang等（1991）发现当公司拥有较高水平的现金流，但其成长空间较小时（如成熟公司），公司的股票在并购公告后存在负向的价格效应。Malmendier和Tate（2008，2011）、叶蓓（2008）、姜付秀等（2009）的实证研究结果均显示企业的内部现金流会促使企业并购行为的发生，二者之间呈正相关关系。本书的实

证设计采用的代表公司内部资源与潜在的代理问题的变量是FCF，它等于公司每股自由现金流量与总股数的乘积。

②信息不对称程度（INFO）。公司的并购活动也会受到信息不对称因素的影响。在资本市场中，资金的提供者所掌握的信息总是比资金的需求者要少，因此即使企业拥有最佳的投资机会，但由于投资者与高管所拥有的信息不对称，公司也可能会被迫投资不足。换言之，由于存在信息不对称，"公司知道投资者所不知道的信息"，对公司知之甚少的投资者会质疑了解内情的高管正在发行的定价过高的新股（Myers和Majluf，1984），抑或债权人所面对的是无法观察道德品质与信贷配给的借款人（Stiglitz和Weiss，1981），因此对于信息不对称程度高的公司，其会被赋予更高的预测风险水平，投资者与债权人会因此要求更高水平的风险溢价，而公司则可能会因过分昂贵或无法得到的外部融资导致投资减少。虽然不能直接观察到公司的信息不对称程度，但可以用不同的方法去测量，比如，公司股票的买卖价差、交易量、换手率（Leuz和Verrecchia，2000）、分析师预测的准确性（Marquardt和Wiedman，1998）。考虑到我国股票市场的特殊性，本书采用的是日股票换手率，也就是用日均股票交易量/公司总市值对公司的可获得信息进行度量，换手率指标由交易量和流通股总股数两个指标构成，考虑了上市公司规模对流动性的影响，更具有代表性。Leuz等（2000）指出，交易量体现了投资者买卖公司股票的意愿，而这种意愿应该与信息不对称的程度负相关，即低程度的信息不对称是和较高的交易量相关的。一些实证研究支持了将交易量作为信息不对称的反向代理变量，如Easley等（1998）研究表明随着交易量的增加，以私人信息优势为基础的交易的概率在减少。INFO代表可获得的公司特定信息，预期INFO与公司的信息不对称呈负相关关系，即日股票换手率越大，信息不对称水平越小，换言之，日股票换手率与信息披露程度正相关。

③负债经营比率（LevRat）。并购活动可能会由于公司深陷财务困境而减少。强制性的债务偿付会使为了一己私利的管理者减少补贴性消费，因此负债比率高的公司可能会较少进行过度投资（Jensen，1986）。如果公司有债务悬置，那么所带来的问题是：过多的负债容易造成还债额空缺（还债额高于现有资产），公司新的投资项目所获得的收益被债权人优先获

得，因此管理者没有进行投资的激励（Myers，1977）。Hart 和 Moore（1995）提出公司的硬债务能够约束管理者的投资行为，公司的财务杠杆和未来投资增长呈负相关关系。本书采用负债经营比率 LevRat 表示公司层面财务困境，即负债经营比率=期末负债总额/期末资产总额。

④规模（SIZE）。规模较大的公司会比小规模公司更易获得较低融资成本的机会，这将促使前者进行更多的并购活动（Banz，1981；Fama 和 French，1992；Fama 和 French，1993；Fama 和 French，1996）。这种"规模效应"的产生主要是由于小规模公司较低的盈利能力使其产生财务困境的风险增加（Fama 和 French，1993）。Malmendier 和 Tate（2008）的研究认为公司的规模对并购行为的产生具有正向影响。本书采用 SIZE=ln（期末资产总额）表示规模。

⑤投资机会（MVBV）。当公司盈利能力的空间增加，公司的投资支出亦随之增加（Modigliani 和 Miller，1958）。因此，当公司的并购机会增加时，管理者在并购项目上投入的资本越多，也就是实施了更多的并购活动。代表公司投资机会的变量 MVBV 表示公司的市账比率。

⑥预期收益率（ROI）。公司投资的预期收益率为其实际的收益率。Kaplan（1997）认为投资预期收益率（ROI）是衡量公司表现的关键指标，但是由于无法获得准确的数据，本书用总资产收益率（ROA）代替。管理者预期并购项目未来所产生的 ROI 越高，其越倾向于进行并购。ROI 用实际资产收益率 ROA 进行计算，ROI 即为公司净利润/期末资产总额。

⑦控制人类型（STATE）。考虑到控制人类型对于中国上市公司管理者的并购决策具有相当大的影响，由于我国国有控股企业在上市公司中占有很大份额，这类公司的并购决策应该与其他类型的公司不同。本书设定了一个用以描述公司控制人类型的虚拟变量 STATE。如果控制人类型为国有控股赋值为 1；非国有则赋值为 0。

⑧被低估价值（UNDERVALUE）：当过度自信的管理者认为公司的价值被资本市场低估，可能为了避免公司将来收益被摊薄，而不会愿意通过外部融资完成并购，更倾向于选择以公司的内部资源对并购项目进行支付（Heaton，2002；Malmendier 和 Tate，2005，2008，2011）。当收购公

司的市账比率（MVBV）小于行业均值认为该公司的价值被投资者所低估，则赋值为1，否则赋值为0。

⑨年度（YEAR）。本书选用年度变量 YEAR，控制年份为2004—2012年。

为了研究与理性同侪相比，管理者的过度自信对企业并购对价方式的影响，本研究在控制公司特征（自由现金流量、内部信息、财务困境、规模、投资机会、投资预期收益率、实际控制人类型、公司价值低估以及年度）的条件下，实证检验管理者过度自信对并购对价方式的影响。建立 Logistic 回归模型：

$$\ln\left(\frac{\mathrm{Pay}}{1-\mathrm{Pay}}\right)=\alpha+\beta_1 X1'+\beta_2 X2'+\beta_3 X3'+\varepsilon \tag{1}$$

其中，β为回归系数，ε为随机误差项。

回归系数β以并购发生比（Odds Ratio）的形式表示，即表示管理者过度自信的公司和非管理者过度自信的公司在并购对价方式选择上存在显著的差异。

6.1.4　并购对价方式的实证检验与结果分析

1）描述性统计

表6-1与表6-2报告了收购公司在并购活动中采用的对价方式及相关影响因素的描述性统计情况。其中，连续变量 FCF 表示自由现金流量，计算方法为每股自由现金流量×总股数；INFO 表示对数化的日股票换手率，计算方法为 ln（日均股票交易量/公司总市值）；LevRat 表示公司的负债经营比率，计算方法为期末负债总额/期末资产总额；UNDERVALUE 表示公司的价值被市场低估，计算方法为收购公司的市账比率－行业均值；$SIZE_1$ 与 $SIZE_2$ 分别代表对数化的期末总资产和对数化的期末股价[①]；$MVBV_1$ 与 $MVBV_2$ 分别代表不同市场价值测算方法下的市账比率，计算方法为公司市场价值/期末资产总额，其中在 $MVBV_1$ 的测算中，用净资产代替公司非流通股市值进行测算，在 $MVBV_2$ 的测算中，用流通股股价代替

---

①　根据 Ferguson 和 Shockley（2003）的结论，在只根据股权而忽视债务的基础上所构建的市场投资组合指标将会导致管理者做出错误的预测，因此在本书的稳健性检验中采用不同测算方式的 $SIZE_2$ 替代 $SIZE_1$。

公司非流通股权市值进行测算[①]；ROI_1 与 ROI_2 分别为不同方式测算的预期收益率，其中，ROI_1 的计算方法为净利润／期末资产总额，ROI_2 的计算方法为净利润／期末平均资产总额[②]；AGE 表示公司管理者的年龄；COMMIT 表示公司薪酬前三位高管的薪酬比例，计算方法为薪酬最高的前三位高管薪酬之和/全部高管薪酬总和；$COMPET_1$ 与 $COMPETE_2$ 分别表示公司高管人员数量和董事会人数。分类变量 NOEQUITY、GENDER、EDU、PRESTIGE 分别表示并购对价方式、公司 CEO 性别、学历以及 CEO 是否兼任董事长。

表6-1　　并购对价方式及相关影响因素的描述性统计（连续性变量）

变量名称	观测值	均值	标准差	最小值	中位数	最大值
FCF	22 738	0.12	6.67	−196.57	0.05	492.23
INFO	35 449	5.66	1.05	−5.38	5.80	8.40
LevRat	37 013	0.58	0.69	0.00	0.54	19.87
$SIZE_1$	37 007	21.64	1.44	13.08	21.51	30.50
$SIZE_2$	36 641	15.04	1.25	8.85	14.95	21.53
$MVBV_1$	36 736	2.17	8.09	0.18	1.43	955.1
$MVBV_2$	35 036	−30.10	1 591.58	−7 6923.1	1.78	2 512.6
ROI_1	37 000	0.06	0.72	−51.30	0.03	22.01
ROI_2	36 999	0.05	0.29	−2.00	0.03	20.79
AGE	35 985	50.16	7.19	26	50	85
COMMIT	35 894	0.42	0.14	0.01	0.40	1
$COMPETE_1$	36 158	6.31	2.76	0	6	64
$COMPETE_2$	36 158	9.05	2.20	0	9	20

[①]　曹凤岐（2007）认为，市值管理并非是直接对股票价格进行管理，应该是通过对企业内在价值与外在价值的综合管理得到提升。股东权益代表的内在价值是本，而市场价值是外在价值，反映的是市场表现。对于我国弱式有效资本市场，上市公司的内在价值与市场价值是不吻合的，因此稳健性检验中采用不同测算方式的 $MVBV_2$ 替代 $MVBV_1$。

[②]　预期收益率具有滞后性、主观性，是一种模拟计算变量，为了结果的可靠性，在本书的稳健性检验中采用不同测算方式的 ROI_1 替代 ROI_2。

表6-2   并购对价方式及相关影响因素的描述性统计（分类变量）

变量名	变量分类	分类变量取值	频数	频率（%）
NOEQUITY	对价方式是股权交易	0	1 299	3.51
	对价方式是非股权交易	1	35 714	96.49
GENDER	女性	0	1 909	5.28
	男性	1	34 240	94.72
EDU	本科及以下	0	26 893	74.39
	硕士及以上	1	9 256	25.61
PRESTIGE	CEO 不兼任董事会主席	0	29 669	82.05
	CEO 兼任董事会主席	1	6 489	17.95
STATE	非国有控股	0	24 024	66.44
	国有控股	1	12 134	33.56
UNDERVAL	市账比不小于行业均值	0	33 894	91.57
	市账比小于行业均值	1	3 119	8.43

表6-1与表6-2分别从连续变量和分类变量的角度对影响并购过程所采用的对价方式的因素进行统计性分析。从样本总体的结果来看，样本公司中在并购过程中采用非股权交易占比96.49%，该结果可知样本中的收购方进行并购时绝大多数选用非股权对价方式进行交易；在CEO的相对薪酬方面，从总体样本中剔除了CEO薪酬综合数据缺失的样本、考察年份CEO发生变更的样本，最后得到35 894个CEO相对薪酬的数据，均值为0.42；公司内对CEO构成竞争的高管的人员数量均值为6人，大部分数量为4~8名；在样本公司中，CEO的平均年龄约为50岁，大部分CEO的年龄为43~57岁；女性CEO的占比只有5.28%，而男性CEO则占绝大多数；在本书研究的样本中，获得硕士以上学历的CEO约占学历为本科及以下CEO的1/3；CEO一人兼两职的人数约占样本的1/5；国有控股公司占总样本的1/3；被市场低估的公司占公司总数8%，说明在中国的上市公司中90%多的公司是处在非低估值状态。

2）相关性分析

并购对价方式及其影响因素的相关性检验见表6-3。

表6-3　并购对价方式及其影响因素的相关性检验

	NOEQUITY	FCF	INFO	LevRat	SIZE₁	MVBV₁	ROI₁	STATE	YEAR	AGE	GENDER	EDU	COMMIT	COMPETE₁	PRESTIGE	UNDERVAL
NOEQUITY	1															
FCF	0.00680	1														
INFO	0.0569*	-0.0339*	1													
LevRat	-0.0375*	-0.0863*	0.0873*	1												
SIZE₁	0.0177*	0.00330	-0.1889*	-0.1146*	1											
MVBV₁	-0.0495*	-0.2128*	-0.00850	0.1496*	-0.1080*	1										
ROI₁	0.00970	0.1222*	-0.0405*	-0.1014*	-0.0244*	-0.0134*	1									
STATE	-0.0428*	-0.0151*	-0.0480*	0.00100	0.1252*	-0.0250*	-0.00170	1								
YEAR	-0.0205*	0.0363*	-0.0623*	-0.0541*	0.1050*	0.0338*	0.0277*	-0.3311*	1							
AGE	0.00310	0.0236*	-0.0616*	-0.0727*	0.1787*	-0.0184*	-0.0479*	0.0423*	0.1099*	1						
GENDER	0.0116*	0.0214*	-0.00670	-0.0165*	0.0497*	-0.00360	-0.0769*	0.0340*	-0.0332*	0.0656*	1					
EDU	0.0264*	0.0289*	-0.1046*	-0.0447*	0.0613*	-0.0220*	-0.0177*	0.00100	0.0935*	-0.0906*	0.0300*	1				
COMMIT	-0.0601*	0.0364*	0.0859*	0.0615*	-0.1946*	0.0686*	0.00780	-0.0755*	-0.0484*	-0.0764*	-0.0258*	-0.0438*	1			
COMPETE₁	0.0427*	0.00720	-0.1589*	-0.0547*	0.2437*	-0.0519*	-0.0355*	0.1126*	0.0704*	0.1073*	0.0588*	0.0859*	-0.4510*	1		
PRESTIGE	0.0140*	-0.0181*	-0.0467*	-0.0266*	-0.1017*	0.0261*	0.00350	-0.1352*	0.0896*	-0.0784*	-0.0276*	0.0143*	0.1189*	0.00380	1	
UNDERVAL	0.0198*	0.0335*	-0.0241*	-0.00330	0.0812*	-0.0478*	-0.0186*	0.1013*	-0.1645*	0.0161*	0.0347*	-0.00940	-0.306*	0.0249*	-0.0348*	1

注1：*表示显著性水平<0.05。

注2：SIZE₁与SIZE₂，MVBV₁与MVBV₂，ROI₁与ROI₂，COMPETE₁与COMPETE₂分别为改变计算方式所测算的替代变量，具有显著共线性，因此，此处仅列示其中一个。经测算，三组替代变量与其他变量间的相关性方向和显著程度均一致。

由表6-3的相关性检验得知，并购对价方式（NOEQUITY），与年份（YEAR）、管理者受教育程度（EDU）呈显著正相关，而与管理者兼任董事长（PRESTIGE）呈显著负相关。

由表6-3中各有关变量之间的Pearson相关系数得知，管理者在进行并购时所选用的非股权对价方式与日股票换手率（INFO）、规模（SIZE）、管理者的性别、所受教育背景（EDU）、公司中高管人数（COMPETE）以及管理者两职合一（PRESTIGE）呈显著的正相关关系。换言之，管理者在近年来的收购活动中越来越多地使用非股权的对价方式进行交易，当公司信息披露程度相对较高，公司使用非股权的对价方式较多；公司规模越大，越倾向于使用非股权对价方式进行并购交易；当管理者为男性、教育程度越高、公司的高管人员数量越多以及CEO兼任董事会主席时，公司的并购更倾向于选择非股权对价方式进行并购交易。然而，非股权的对价方式与公司的负债经营比例（LevRat）、并购机会（MVBV）、国有控股企业（STATE）以及前三位高管薪酬比例（COMMIT）呈显著的负相关关系，也就是说，当公司的资产负债率增加时，公司会倾向于采用股权对价而非现金对价等其他对价方式；公司的并购机会增加时，管理者会在并购中采用股权对价；国有控股企业在并购中更倾向于选择股权对价进行交易；前三位高管薪酬比例越高越会选择股权对价方式；公司越被低估，管理者并购越倾向于采用非股权对价方式。

3）Logistic回归分析

表6-4是将并购对价方式作为因变量，将各个相关的影响因素作为解释变量，将完成并购的数据进行Logistic回归以检验过度自信的CEO会采用他们认为公司股票被较少低估的对价方式进行并购交易。

在表6-4中：

第（1）列呈现的是对全样本的仅含控制变量（自由现金流量、日股票换手率、举债经营比率、公司规模、市账比率、总资产净利润率、实际控制人类型、年份）的回归结果。

第（2）列的Logistic回归呈现的是在第一列的基础上（包含控制变量），加入表示管理者过度自信的变量（CEO年龄、性别、教育程度、前三位高管薪酬比例、高管人数、CEO是否身兼董事长）后的回归结果。

表6-4　　　　　　　并购对价方式及其影响因素的Logistic回归结果

	（1）NOEQUITY	（2）NOEQUITY	（3）NOEQUITY	（4）NOEQUITY
FCF	0.00117 (0.00530)	0.00331 (0.00618)	0.0809 (0.188)	−0.00317 (0.0110)
INFO	0.282*** (0.0344)	0.254*** (0.0400)	0.157 (0.276)	0.245*** (0.0488)
LevRat	−0.189*** (0.0464)	−0.158*** (0.0472)	0.433 (1.253)	−0.170*** (0.0531)
$SIZE_1$	−0.0331 (0.0353)	−0.105*** (0.0390)	−0.289 (0.336)	−0.172*** (0.0463)
$MVBV_1$	−0.0180*** (0.00674)	−0.0119* (0.00703)	0.119 (0.226)	−0.00885 (0.00788)
ROI_1	0.647*** (0.124)	0.626*** (0.125)	4.621 (3.270)	0.635*** (0.183)
STATE	−0.704*** (0.0853)	−0.721*** (0.0865)	−0.778 (0.676)	−0.780*** (0.103)
YEAR	−0.114*** (0.0175)	−0.142*** (0.0181)	0.0124 (0.128)	−0.172*** (0.0218)
AGE		−0.00149 (0.00529)	0.0232 (0.0441)	−0.00410 (0.00594)
GENDER		−0.0574 (0.187)	1.008 (0.729)	−0.100 (0.225)
EDUC		0.464*** (0.0975)		
COMMIT		−1.296*** (0.288)	0.805 (2.105)	−1.960*** (0.331)
$COMPETE_1$		0.0509*** (0.0179)	0.257** (0.117)	0.0185 (0.0211)
PRESTIGE		0.579*** (0.123)		
_CONS	231.7*** (34.93)	290.0*** (36.26)	−21.75 (256.7)	351.3*** (43.57)
N	22 281	22 025	1 095	13 394
Pseudo R^2	0.0333	0.0455	0.0565	0.0537

Standard errors in parentheses

* $p < 0.1$, ** $p < 0.05$, *** $p < 0.01$

第（3）列和第（4）列分别报告了对过度自信子样本数据的 Logistic 回归结果，第（3）列样本筛选的范围为 CEO 的教育背景为研究生及以上学历、CEO 且兼任公司董事会主席（EDU1=1；PRESTIGE=1）；第（4）列的管理者过度自信中的教育背景与声望两个变量的样本筛选范围更替为 CEO 学历本科及以下且 CEO 不兼任公司董事会主席（EDU=0；PRESTIGE=0）。

表 6-4 的 Logistic 回归结果表明：

（1）管理者过度自信个人特征的替代变量——教育背景，与并购的非股权对价方式呈显著正相关关系。换言之，管理者受教育程度越高，越易对自己所掌握的知识与能力过高估计（Bantel 和 Jackson，1989；Heath 和 Tversky，1991），因此其过度自信程度较高。过度自信的管理者会高估并购后所产生的协同效应，所以出于公司股东价值最大化的考虑，过度自信管理者不倾向于采取会稀释公司原股东控制权的换股并购方式。若此时公司的内部资源丰富，过度自信管理者会以高风险的债务融资方式获得现金以施行并购支付。

（2）管理者过度自信所处外部环境的替代变量——前三位高管薪酬比例，与并购的非股权对价方式呈显著的负相关关系。薪酬比例每增加一个单位，采用非股权交易与股权交易的比例的对数值 $\ln(p_{非股权}/p_{股权})$ 约减少 1.3，该检验结果与假设不符，可能是在样本期间，过度自信管理者所在公司的股价处于被高估状态，所以管理者采用股票对价。

（3）管理者过度自信所处外部环境的替代变量——高管人员数量，与并购的非股权对价方式呈显著的正相关关系。管理者过度自信的程度与公司中与其竞争晋升机会的高管数量呈正向关系（Goel 和 Thakor，2002）。也就是说，管理者的职位有越多的同侪觊觎，为了稳固职位，管理者的过度自信程度越高。事实上，在成为最高管理者的过程中已经足以使其过度自信，或正是由于管理者的过度自信使其获得更多的晋升机会（Gervais 等，2001；Daniel 等，2001）。因此过度自信的管理者会在公司内部资金充足的情况下选择现金对价，而不愿去换股支付。

（4）管理者过度自信所处外部环境的替代变量——管理者兼职董事长，与并购行为的选择呈正相关关系。管理者的头衔与过度自信程度呈正相关关系（Malmendier 和 Tate，2008，2011），也就是说管理者身兼数职时，其承担的责任也越多，集权度越高，因此过度自信的倾向越高，而董事会对其的监管力度越弱，因此过度自信的管理者在并购的对价方式中倾向于选择现金对价以避免公司原股东控制权稀释。

经过以上的分析可知，管理者的教育背景、前三位高管薪酬比例、高管人员数量以及管理者兼职董事长均与过度自信水平呈正相关关系，因此以上结果足以证明管理者是过度自信的，所以 H3 得到验证，管理者的过度自信影响着企业并购的对价方式，管理者过度自信程度越高，在收购中越倾向于采用非股权对价完成并购。

4）稳健性检验

为了使本章的研究结果更为稳健，本书进行了如下两方面的检验：

（1）替换主要变量。对 Logistic 回归结果的第（2）、（3）和（4）列的主要变量进行替换。其中公司规模以 $SIZE_2$ 替换 $SIZE_1$，即以对数化的期末股价替换对数化的期末总资产；公司的市账比率以 $MVBV_2$ 替换 $MVBV_1$，即以流通股股价/期末资产总额代替净资产/期末资产总额；预期收益以 ROI_2 替换 ROI_1，即以净利润／期末平均资产总额替换净利润／期末资产总额。

（2）采用 Probit 模型对 Logistic 回归结果的第（2）、（3）和（4）列进行稳健性检验。Probit 模型与 Logistic 模型都是应用于因变量是分类变量的情况，区别在于采用的分布函数不同，Logistic 模型假设随机变量服从逻辑概率分布，而 Probit 模型假设随机变量服从正态分布，两种方法具有较强的关联性，非常适合用于做稳健性检验。

并购对价及其影响因素的稳健性检验见表6-5。

由表6-5可以看出，公司的价值被市场低估（UNDERVAL）与并购的非股权对价方式呈显著的正相关关系，因此，进一步说明在管理者认为投资者低估公司价值的前提下，并购的对价方式更倾向于现金支付（Heaton，2002；Malmendier 和 Tate，2005，2008）。在上述两种方式的检验结果中，其他变量的回归方程的系数方向及显著性具有相近性，所以本书的检验结果具有稳健性。

表6-5   并购对价及其影响因素的稳健性检验

	Logistic			Probit		
	(1)	(2)	(3)	(4)	(5)	(6)
	NOEQUITY	NOEQUITY	NOEQUITY	NOEQUITY	NOEQUITY	NOEQUITY
FCF	0.474***	−0.354	0.0570	0.292***	−0.394	0.0714
	(0.151)	(1.067)	(0.272)	(0.0767)	(0.568)	(0.263)
INFO	0.617***	−0.123	0.795***	0.425***	0.144	1.006***
	(0.130)	(0.644)	(0.165)	(0.0607)	(0.339)	(0.158)
LevRat	−0.146**	1.407	−0.145**	−0.135***	0.297	−0.161**
	(0.0602)	(0.918)	(0.0680)	(0.0284)	(0.536)	(0.0658)
$SIZE_1$				0.102***	−0.0252	0.168***
				(0.0144)	(0.114)	(0.0352)
$MVBV_1$				−0.0109***	−0.222***	−0.0120
				(0.00405)	(0.0583)	(0.0111)
ROI_1				0.0828***	4.280**	0.562*
				(0.0311)	(1.662)	(0.338)
STATE	−0.649***	−0.175	−0.656***	−0.374***	−0.238	−0.775***
	(0.0750)	(0.602)	(0.0915)	(0.0397)	(0.284)	(0.0918)
YEAR	−0.220***	−0.463***	−0.202***	−0.121***	−0.233***	−0.219***
	(0.0155)	(0.103)	(0.0185)	(0.00790)	(0.0475)	(0.0182)
AGE	0.0107**	0.0572**	0.00295	0.00393	0.0349**	−0.00267
	(0.00522)	(0.0268)	(0.00620)	(0.00269)	(0.0136)	(0.00620)
GENDER	0.141	0.465	0.0938	0.0876	0.242	0.0952
	(0.148)	(0.538)	(0.188)	(0.0770)	(0.273)	(0.189)
EDUC	0.284***			0.135***		
	(0.0761)			(0.0392)		

续表

	Logistic			Probit		
	（1）	（2）	（3）	（4）	（5）	（6）
	NOEQUITY	NOEQUITY	NOEQUITY	NOEQUITY	NOEQUITY	NOEQUITY
COMMIT	-1.836^{***}	-1.802	-2.178^{***}	-0.704^{***}	-0.735	-1.571^{***}
	（0.233）	（1.209）	（0.285）	（0.140）	（0.663）	（0.329）
$COMPETE_1$				0.0181^{**}	0.0447	0.0380^{*}
				（0.00839）	（0.0383）	（0.0218）
PRESTIGE	0.309^{***}			0.179^{***}		
	（0.0894）			（0.0465）		
$SIZE_2$	0.0395	-0.287	-0.0125			
	（0.0346）	（0.247）	（0.0428）			
$MVBV_2$	-0.0727^{***}	-0.170^{**}	-0.0213			
	（0.0124）	（0.0829）	（0.0140）			
$COMPETE_2$	0.00521	0.0291	-0.00613			
	（0.0188）	（0.0996）	（0.0223）			
UNDERVAL	-0.0711		-0.0373			
	（0.0713）		（0.0890）			
ROI_2		9.961^{***}				
		（3.205）				
_CONS	442.8^{***}	937.8^{***}	410.2^{***}	242.6^{***}	469.3^{***}	439.7^{***}
	（31.12）	（207.0）	（36.99）	（15.82）	（95.05）	（36.52）
N	11091	690	6586	11087	690	6583
Pseudo R^2	0.0636	0.1448	0.0545	0.0700	0.1496	0.0615

Standard errors in parentheses

* p < 0.1，** p < 0.05，*** p < 0.01

6.2 ——————— 管理者过度自信与并购溢价 ———————

6.2.1 并购溢价的理论分析与研究假设

由于高管是并购行为的决策主体，因此学术界关于高管在并购溢价决策中的作用进行了较多研究[①]，发现了高管的行为特征对并购溢价决策水平的影响。委托-代理理论（Jensen 和 Meckling，1976）研究认为，由于高管是为自己的利益而非股东的利益行事，并购活动只是为了提升高管声誉、权力和薪酬等个人私利，至于溢价水平以及是否为股东创造价值，似乎不在高管的兴趣之列（Conyon，1994）。而行为经济学理论（Tversky 和 Kahneman，1974）在基于高管的人口统计特征（如年龄、性别、教育背景、职业路径等）及其异质性对高管过度自信特征影响并购溢价决策进行分析认为，由于高管倾向于高估自己的能力，在评价目标公司未来产生的协同效应时过分乐观，因此在并购时倾向于过度支付（Roll，1986；Hayward 和 Hambrick，1997；Malmendier 和 Tate，2008）。

Roll（1986）认为，在有效市场里，公司的市值已经基本反映了它的价值，但收购方公司管理层因为盲目乐观、过度自信而高估了目标公司，在并购时支付过高的价格，致使收购公司遭受损失，而目标公司从中获得收益，实际上是收购公司财富向目标公司转移。Kaplan（1989）指出 Campeau 公司在支付给 Federated Department Stores 公司124%的并购溢价后的一年，Campeau 公司因为无法支付债务而宣布破产。Berkovitch 和 Narayanan（1993）认为，过度自信理论假设并购后的总收益为零，他们认为在并购中没有协同效应存在的情况下，并购溢价是收购方公司对目标方公司错误估价而进行的一种并购行为。Hietala 等（2000）采用案例分析

120

[①] 关于并购决策行为的研究也有从其他层面展开的。比如，从企业层面进行研究的协同效应理论（Sirower，1997）：该理论认为，当并购双方资产以某种方式组合在一起时，其效果要好于两者独立存在的效果之和，因此并购双方的协同程度越高，并购方愿意支付的溢价水平也越高；从市场层面进行研究的市场竞价理论（Slusky 和 Caves，1991）：该理论认为，在并购过程中出现（一个或多个）竞争者时，对目标公司控制权的争夺会变得激烈，并购方为了获得被并公司控制权，会支付相对较高的并购溢价）。这两个层面均将企业作为分析单位，未关注高管在并购决策中的作用。

的方法，通过研究股票价格的波动所反映的信息来推断并购定价中的过度
支付，结果表明，企业在并购过程中存在过度支付，且认为导致过度支付
的原因是管理者过度自信，在并购时管理者可能会支付更高的溢价。综
上所述，提出本书的假设4a：

H4a：较之理性同侪，过度自信管理者所支付的并购溢价程度更高。

郝颖、刘星和林朝南（2005）的研究结果表明，在实施股权激励的上
市公司中，近四分之一的管理者存在过度自信的行为。国有控股企业的管
理人员一般是由政府任命而非由经理人市场产生，这可能会增强管理者的
过度自信。本研究的样本中，过度自信管理者约占总样本的99%，约有
34.16%的上市公司是国有控股。因此，提出本书的假设H4b：

H4b：国有控股企业的管理者存在过度自信认知偏差，且管理者的过
度自信与并购溢价程度呈正相关关系。

6.2.2 并购溢价的样本选择与数据来源

本节根据被解释变量——会计年度内公司发生的并购事件是否存在较
高程度的并购溢价，以2004—2012年沪深两市A股主板上市公司发起的
并购事件为基本研究样本，主要通过以下渠道获取数据：（1）并购基本数
据来源于国泰安数据服务中心（CSMAR）提供的中国上市公司并购重组
研究数据库。对于CSMAR中记录不完整的数据，通过查找WIND资讯
的并购数据库予以核对；（2）管理者的特征数据来源于国泰安数据服务中
心（CSMAR）提供的中国上市公司治理结构研究数据库，对于CSMAR
中记录不完整的数据，以新浪财经人物库、上海证券交易所与深圳证券交
易所网站公告的数据作为补充；（3）上市公司的基本特征数据以及财务特
征等数据来源于国泰安数据服务中心（CSMAR）提供的中国上市公司财
务报表数据库、上市公司财务指标分析数据库、上市公司治理结构研究数
据库、上市公司股东研究数据库和股票市场交易数据库。

在样本的选择过程中进行如下筛选：（1）以2004年作为研究起始时
间点是因为我国上市公司披露并购交易的信息数据自2004年才开始相对
较为完整。（2）由于有些并购交易在其公告发布后，要经过一段时间才能
确定该并购事件是否成功，所以本书将样本最终的研究时间限定在2012

年。通过长达9年的窗口期，可更有利地观察并购选择的影响因素对并购行为所产生的作用（方向、程度等）。（3）剔除CSMAR并购重组数据库中标注"交易失败"的并购事件。（4）剔除其中发生股份回购、资产剥离、债务重组以及难以区分交易地位的资产置换事件。（5）剔除发生行政划转、无偿受让、司法裁定、继承赠予等不符合市场化交易的并购事件。（6）剔除重大资产购买等非并购意义上的交易事件。（7）剔除所有金融、保险行业的并购样本。（8）剔除并购交易事项当年处于ST类样本。（9）剔除数据缺失或数据异常的并购样本。经过以上步骤的筛选，最终得到有效的观察值1 558。

6.2.3 并购溢价变量定义与模型构建

1）被解释变量

被解释变量是并购选溢价程度（Pre）。它被定义为一个二元变量，衡量公司年度内并购支付中的溢价程度，由于并购溢价水平有很大的波动空间，本书使用的并购样本的溢价程度在30%左右（陈仕华和卢昌崇，2013），如果收购公司并购支付的溢价程度超过30%，Premium赋值为1；溢价程度未超过30%则赋值为0。

2）管理者过度自信的度量

代表一组个人特征变量的X1'：年龄（AGE）、性别（GENDER）、教育背景（EDU）。代表一组管理者所处的外部环境变量的X2'：相对薪酬（COMMIT）、竞争（COMPETE）、声望（PRESTIGE）。

（1）代表一组个人特征变量的X1'中各变量与管理者过度自信的关系如下：

①年龄（AGE）度量公司管理者年龄的实际值。年龄与个人的过度自信水平呈正或负相关关系是值得商榷的。例如，Crawford和Stankov（1996）选择18—85岁的人群作为研究对象时发现，当面临常识性问题与一般性推理任务时，年长的人会表现出更高的过度自信水平。Malmendier和Tate（2008，2011）的研究得出同样的结论，他们认为出生在19世纪30年代的人们更趋向于过度自信，可能是因为他们经历了世界大战。另一方面，Bertrand和Schoar（2003）发现年轻人会比与之相似

的年长的人更过度自信。Carlsson 和 Karlsson（1970）、Vroom 和 Pahl（1971）的研究表明年龄较长的管理者倾向于采取风险较少的决策。Kovalchik、Camerer和Grether等（2005）在对年龄与经济决策行为间的关系进行的研究同样发现，相较于年龄小的人员，年龄较长的人员在经济决策过程中会表现出较低的过度自信水平。Forbes（2005）得出相似的结论，相对于年龄较小的管理者，年龄较长的管理者可能由于其拥有更丰富的经营管理经验，因此他们过度自信的水平可能较低。在本书的实证研究中采用AGE度量公司管理者年龄的实际值。

②性别（GENDER）。传统观点认为男性会比女性表现出更高的自信水平（Deaux 和 Emswiller，1974；Barber 和 Odean，2001；Soll 和 Klayman，2004）。例如，Dunning等（2003）在让研究对象评估自己所完成的具有典型男性导向的任务（即科学任务）时发现，女性的表现与其男性同伴相似时她们却往往认为自己做得不如他们。此外，Graham 等（2005）进行的盖洛普（Gallup）投资者调查的电话访问的实证结果得出投资者自我认知能力与性别（如果是男性）呈正相关关系。我国学者杨青（2007）发现在我国证券市场上男性交易者较女性交易者更倾向于过度自信。庞建勇和王凯（2009）借鉴江晓东（2006）的实证研究，通过收集漳州一家证券营业部的账户交易数据及相应的性别属性对此做了一些实证研究。研究结果显示，在10个月的样本期中，只有1月的男女月度换手率均值差异通不过5%的显著性检验，其他9个月的数据都表明男性投资者的月度换手率显著高于女性投资者，男性投资者比女性投资者更容易过度自信。然而Lundeberg等（1994）对过度自信的研究中发现仅当受访者的测试答案是错误时才表现出男性过度自信程度超过女性，而当受访者的回答正确时，过度自信的性别差异不显著。此外，Deaves等（2003）在对大学生进行计算机交易实验时发现过度自信的性别差异（由标准误差进行度量）不显著。Lundeberg等（2000）在对同一文化背景下的男性与女性进行比较后也没有发现整体上的过度自信性别差异。Biais等（2005）认为过度自信并不存在性别差异。在本书的实证研究中公司的管理者为男性时，GENDER赋值为1；女性则赋值为0。

③教育背景（EDU）。管理者所受教育程度可以部分地解释他们的自

信水平。然而，关于自信水平与教育程度间的正向或负向关系，不同的研究呈现出相冲突的结论。一般认为，管理者受教育程度越高，其自信程度可能会越强，因为从心理学的角度讲，当决策出现好的结果时，管理者往往会将其归功于自己对决策所拥有的知识，而一旦出现坏的结果，管理者就会归咎为差的运气。如 Bantel 和 Jackson（1989）认为高管成员学历越高对公司的战略变化越有利；Heath 和 Tversky（1991）的研究结果表明，管理者在认为其对所做的决策拥有更多的知识时，往往会更倾向于过度自信；Landier 和 Thesmar（2009）的研究也发现，教育程度较高的企业家对自己的想法越乐观。然而也有学者认为，随着教育水平的提高，人们的过度自信水平会弱化。这是因为教育水平越高，人们的知识面越宽，掌握的知识越丰富，因此在决策时，会更全面地考虑问题，从正反两个方面获取相关信息，从而减少决策时所产生的判断偏差。Graham 等（2005）对投资者自我认知能力的实证研究发现过度自信水平与大学及研究生学历呈正相关关系。然而，Lundeberg 等（1994）发现相对于男性和女性的研究生以及女性大学生而言，男性大学生在他们的判断是错误的时候往往表现得极为过度自信。在本书实证研究的设计中，当公司管理者的学位为硕士及以上时，EDU 赋值为 1；本科及以下时赋值为 0。

（2）代表一组管理者所处的外部环境变量的 X2′中各变量与管理者过度自信的关系如下：

①相对薪酬（COMMIT）。相对薪酬是公司薪酬前三位高管的薪酬比例。管理者薪酬的相对比例可以帮助说明其过度自信行为，因为过度自信的管理者可能会关注薪酬激励所产生的影响力。薪酬最高的管理者相对于公司内的其他管理者的薪酬越高，说明他在公司内的地位越重要，对公司的控制力越强，也越易产生过度自信认知偏差，且随着薪酬相对比例的提高，过度自信程度越高（Hayward 和 Hambrick，1997）。Brown 和 Sarma（2006）的研究得出，管理者的薪酬比例越高，他的控制力越强。因为我国上市公司披露的信息中，并未包含每一位高官的薪酬数值，披露的只有薪酬前三位高管的薪酬总额以及所有高管的薪酬总额，因此，本书借鉴姜付秀等（2009）的研究，选择样本公司薪酬前三位高管的相对薪酬比例，

即"薪酬最高的前三名高管薪酬之和/所有高管的薪酬之和"来表示①。COMMIT值越高，说明管理者过度自信水平越高。

②竞争（COMPETE）。竞争是公司中高管的数量。Goel和Thakor（2002）的研究发现，管理者过度自信的程度与公司中与其竞争晋升的高管数量呈正向关系。也就是说，在公司中存在的高管总数量越多，那么他们的晋升机会对于CEO来说构成越大的潜在的职位竞争。因此，为了稳固职位，公司的高管数量越多，管理者过度自信水平越高。在本研究的设计中，COMPETE代表公司高管人员的数量，高管人数越多，说明管理者过度自信水平越高。

③声望（PRESTIGE）。声望是CEO兼任董事长。Malmendier和Tate（2008，2011）发现过度自信行为会随着管理者头衔的增多而增加。管理者头衔的累积包括CEO兼任公司董事长。身兼数职的管理者，由于高度集权于一身，随着承担的责任越来越多，其过度自信的程度亦随之增加，从公司治理的角度来看，这也可解释董事会的弱警觉性使得管理者过度投资（Hayward和Hambrick，1997）。在公司中管理者被认为是声望追寻者，他们将并购活动的成功完全视为是提升自己声望的路径之一。本研究的设计中，如果CEO同时兼任董事长，PRESTIGE赋值为1；否则赋值为0。

3）代表一组控制变量的X3′

①自由现金流量（FCF）。Jensen（1986）提出，如果高管偏好掌控公司更多的资产，那么他可能会为了"帝国构建"的一己私利而热衷于将公司可动用的现金流进行非效率的投资。而市场也会解读出高管行为的利己倾向，并且将对潜在的过度投资的高管实行惩罚。Lang等（1991）发现当公司拥有较高水平的现金流，但其成长空间较小时（如成熟公司），公司的股票在并购公告后存在负向的价格效应。Malmendier和Tate（2008，2011）、叶蓓（2008）、姜付秀等（2009）的实证研究结果均显示企业的内

125

---

① 由于我国上市公司的财务报告中只披露薪酬最高的前三名高管薪酬之和以及全部高管薪酬之和，因此，本书不能采用Hayward和Hambrick（1997）所采用的管理者中第一高的薪酬与第二高的薪酬比例进行衡量，只能根据我国上市公司的实际情况，用"薪酬最高的前三名高管薪酬之和/所有高管的薪酬之和"来表示，尽管各公司的高管数目各不相同，但是在此我们假定前三位高管作为一个整体代表公司的管理者，那么，该指标在一定程度上也能够反映出管理者在公司中的重要性，因此，本书的设计与Hayward和Hambrick（1997）的思想是相符的。

部现金流会促使企业并购行为的发生，二者之间呈正相关关系。本书的实证设计采用的代表公司内部资源与潜在的代理问题的变量是FCF，它等于公司每股自由现金流量与总股数的乘积。

②信息不对称程度（INFO）。公司的并购活动也会受到信息不对称因素的影响。在资本市场中，资金的提供者所掌握的信息总是比资金的需求者要少，因此即使企业拥有最佳的投资机会，但由于投资者与高管所拥有的信息不对称，公司也可能会被迫投资不足。换言之，由于存在信息不对称，"公司知道投资者所不知道的信息"，对公司知之甚少的投资者会质疑了解内情的高管正在发行的定价过高的新股（Myers 和 Majluf，1984），抑或债权人所面对的是无法观察道德品质与信贷配给的借款人（Stiglitz 和 Weiss，1981），因此对于信息不对称程度高的公司，其会被赋予更高的预测风险水平，投资者与债权人会因此要求更高水平的风险溢价，而公司则可能会因过分昂贵或无法得到的外部融资导致投资减少。虽然不能直接观察到公司的信息不对称程度，但可以用不同的方法去测量，比如，公司股票的买卖价差、交易量、换手率（Leuz 和 Verrecchia，2000）、分析师预测的准确性（Marquardt 和 Wiedman，1998）。考虑到我国股票市场的特殊性，本书采用的是日股票换手率，也就是用日均股票交易量/公司总市值对公司的可获得信息进行度量，换手率指标由交易量和流通股总股数两个指标构成，考虑了上市公司规模对流动性的影响，更具有代表性。Leuz 等（2000）指出，交易量体现了投资者买卖公司股票的意愿，而这种意愿应该与信息不对称的程度负相关，即低程度的信息不对称是和较高的交易量相关的。一些实证研究支持了将交易量作为信息不对称的反向代理变量，如Easley 等（1998）研究表明随着交易量的增加，以私人信息优势为基础的交易的概率在减少。INFO 代表可获得的公司特定信息，预期INFO 与公司的信息不对称呈负相关关系，即日股票换手率越大，信息不对称水平越小，换言之，日股票换手率与信息披露程度正相关。

③负债经营比率（LevRat）。并购活动可能会由于公司深陷财务困境而减少。强制性的债务偿付会为了一己私利的管理者减少补贴性消费，因此负债比率高的公司可能会较少进行过度投资（Jensen，1986）。如果公司有债务悬置，那么所带来的问题是：过多的负债容易造成还债额空缺

（还债额高于现有资产），公司新的投资项目所获得的收益被债权人优先获得，因此管理者没有进行投资的激励（Myers，1977）。Hart 和 Moore（1995）提出公司的硬债务能够约束管理者的投资行为，公司的财务杠杆和未来投资增长呈负相关关系。本书采用负债经营比率 LevRat 表示公司层面财务困境，即负债经营比率＝期末负债总额/期末资产总额。

④规模（SIZE）。规模较大的公司会比小规模公司更易获得较低融资成本的机会，这将促使前者进行更多的并购活动（Banz，1981；Fama 和 French，1992；Fama 和 French，1993；Fama 和 French，1996）。这种"规模效应"的产生主要是由于小规模公司较低的盈利能力使其产生财务困境的风险增加（Fama 和 French，1993）。Malmendier 和 Tate（2008）的研究认为公司的规模对并购行为的产生具有正向影响。本书采用 SIZE＝ln（期末资产总额）表示规模。

⑤投资机会（MVBV）。当公司盈利能力的空间增加，公司的投资支出亦随之增加（Modigliani 和 Miller，1958）。因此，当公司的并购机会增加时，管理者在并购项目上投入的资本越多，也就是实施了更多的并购活动。代表公司投资机会的变量 MVBV 表示公司的市账比率。

⑥预期收益率（ROI）。公司投资的预期收益率为其实际的收益率。Kaplan（1997）认为投资预期收益率（ROI）是衡量公司表现的关键指标，但是由于无法获得准确的数据，本书用总资产收益率（ROA）代替。管理者预期并购项目未来所产生的 ROI 越高，其越倾向于进行并购。ROI 用实际资产收益率 ROA 进行计算，ROI 即为公司净利润/期末资产总额。

⑦控制人类型（STATE）。考虑到控制人类型对于中国上市公司管理者的并购决策具有相当大的影响，由于我国国有控股企业在上市公司中占有很大份额，这类公司的并购决策应该与其他类型的公司不同。本书设定了一个用以描述公司控制人类型的虚拟变量 STATE。如果控制人类型为国有控股赋值为 1；非国有则赋值为 0。

⑧年度（YEAR）。为了控制并购事件发生年份这一宏观因素变化的影响，本书选用年度变量 YEAR，控制年份为 2004—2012 年。

为了研究与理性同侪相比，管理者的过度自信对并购过程中所支付的溢价程度的影响，本研究拟在控制公司特征（自由现金流量、内部信息、财务困境、规模、投资机会、投资预期收益率、控股人类型以及年度）的条件下，实证检验管理者过度自信对并购选择行为的影响。建立 Logistic 回归模型：

$$\ln\left(\frac{\text{Pre}}{1-\text{Pre}}\right)=\alpha+\beta_1 X1'+\beta_2 X2'+\beta_3 X3'+\varepsilon \tag{2}$$

其中，β 为回归系数，ε 为随机误差项。

回归系数 β 以并购发生比（Odds Ratio）的形式表示，即表示管理者过度自信的公司和非管理者过度自信的公司在并购支付中的溢价程度是否存在显著的差异。

6.2.4 并购溢价的实证检验与结果分析

1）描述性统计

表 6-6 与表 6-7 报告了并购溢价程度及相关影响因素的描述性统计情况。其中，连续变量 FCF 表示自由现金流量，计算方法为每股自由现金流量×总股数；INFO 表示对数化的日股票换手率，计算方法为 ln（日均股票交易量/公司总市值）；LevRat 表示公司的负债经营比率，计算方法为期末负债总额/期末资产总额；$SIZE_1$ 与 $SIZE_2$ 分别代表对数化的期末总资产和对数化的期末股价[①]；$MVBV_1$ 与 $MVBV_2$ 分别代表不同市场价值测算方法下的市账比率，计算方法为公司市场价值/期末资产总额，其中在 $MVBV_1$ 的测算中，用净资产代替公司非流通股市值进行测算，在 $MVBV_2$ 的测算中，用流通股股价代替公司非流通股权市值进行测算[②]；ROI_1 与 ROI_2 分别为不同方式测算的预期收益率，其中，ROI_1 的计算方法为净利润／期末资产总额，ROI_2 的计算方法为净利润／期末平均资产总额[③]；AGE 表示公司管理者的年龄；COMMIT 表示公司薪酬前三位高管的薪酬比例，计算方法为薪酬最高的前三位高管薪酬之和/全部高管薪酬总和；

---

① 根据 Ferguson 和 Shockley（2003）的结论，在只根据股权而忽视债务的基础上所构建的市场投资组合指标将会导致管理者做出错误的预测，因此在本书的稳健性检验中采用不同测算方式的 $SIZE_2$ 替代 $SIZE_1$。

② 曹凤岐（2007）认为，市值管理并非是直接对股票价格进行管理，应该是通过对企业内在价值与外在价值的综合管理得到提升。股东权益代表的内在价值是本，而市场价值是外在价值，反映的是市场表现。对于我国弱式有效资本市场，上市公司的内在价值与市场价值是不吻合的，因此稳健性检验中采用不同测算方式的 $MVBV_2$ 替代 $MVBV_1$。

③ 预期收益率具有滞后性、主观性，是一种模拟计算变量，为了结果的可靠性，在本书的稳健性检验中采用不同测算方式的 ROI_1 替代 ROI_2。

COMPET$_1$与COMPETE$_2$分别表示公司高管人员数量和董事会人数。

表6-6　　　并购溢价及相关影响因素的描述性统计（连续性变量）

变量名称	观测值	均值	标准差	最小值	中位数	最大值
Pre	2 463	0.45	0.50	0	0	1
FCF	1 583	0.46	7.26	−38.59	0.08	243.20
INFO	2 429	5.33	1.11	−5.38	5.42	7.84
LevRat	2 463	0.53	0.64	0.02	0.51	14.47
SIZE$_1$	2 463	21.78	1.36	15.77	21.70	28.51
SIZE$_2$	2 440	15.17	1.09	10.79	15.06	20.27
MVBV$_1$	2 458	1.75	3.37	0.28	1.30	121.46
MVBV$_2$	2 298	2.17	24.68	−651.47	1.62	616.52
ROI$_1$	2 463	0.05	0.46	−3.86	0.04	22.01
ROI$_2$	2 462	0.05	0.42	−1.12	0.04	20.79
AGE	2 457	50.49	6.76	26	50	72
COMMIT	2 455	0.40	0.13	0.01	0.39	1
COMPETE$_1$	2 462	6.71	2.72	0	6	27

表6-7　　　并购溢价及相关影响因素的描述性统计（分类变量）

变量名称	变量分类	分类变量取值	频数	频率（%）
Pre	并购未溢价30%	0	1 366	55.46
	并购溢价30%	1	1 097	44.54
GENDER	女性	0	144	5.85
	男性	1	2 317	94.15
EDU	本科及以下	0	1 767	71.8
	硕士及以上	1	694	28.2
PRESTIGE	CEO不兼任董事会主席	0	1 996	81.07
	CEO长兼任总经理	1	466	18.93
STATE	非国有控股	0	1 621	65.84
	国有控股	1	841	34.16

表6-6与表6-7分别从连续变量和分类变量的角度对影响并购溢价程度的因素进行统计性分析。从样本总体的结果来看，并购支付中发生溢价程度超过30%的并购交易占比约为45%，体现出样本中并购溢价超过30%的并购事件的比例很高，接近并购溢价总体样本的一半数量；从公司的自由现金流量FCF情况来看，研究期间共有1 583家企业的均值为0.46，说明上市公司中发生并购溢价的收购企业的自由现金流量充足；代表公司信息披露的日股票换手率对数的均值为5.33，标准差为1.11；在CEO的相对薪酬方面，从总体样本中剔除了CEO薪酬综合数据缺失的样本、考察年份CEO发生变更的样本，最后得到2 455个CEO相对薪酬的数据，均值为0.40；公司内对CEO构成竞争的高管的大部分数量为4~8名，该数值越大，则管理者越有过度自信的倾向；在样本公司中，CEO的平均年龄约为50岁，大部分CEO的年龄为43~57岁；女性CEO的占比只有6%，而男性CEO则占绝大多数94%；在本书研究的样本中，获得硕士以上学历的CEO占本科及以下学历CEO的比值约为40%；CEO一人兼两职占非兼两职的比例约为1/4；在发生溢价的并购活动中，由国有控股公司发起的占比为34.16%。

2）相关性检验

并购溢价及其影响因素的相关性检验见表6-8。

由表6-8中各有关变量之间的Pearson相关系数得知，收购公司在并购支付中的溢价程度（Pre），与日股票换手率（INFO）、负债经营比率（LevRat）、国有控股企业（STATE）、性别（GENDER）呈现显著的负相关关系，该结果表明，信息披露程度会影响并购的高溢价程度；较高的资产负债率同样会使管理者在并购支付时不会过高溢价；较之女性CEO，男性CEO在并购溢价中的程度较低。然而CEO的教育背景（EDU）和CEO兼任董事会主席（PRESTIGE）与并购溢价程度呈正相关关系，根据Malmendier和Tate（2008，2011）的研究，这可能是高学历的CEO在并购过程中高估了自己的能力，在评价目标公司未来产生的预期收益时过度乐观，由此得出CEO的学历越高，越过度自信，越会在并购交易中过度支付；同时，CEO越集权，越会产生过度自信心理偏差，在并购活动中越容易使并购溢价程度较高。

表6-8　并购溢价及其影响因素的相关性检验

	Pre	FCF	INFO	LevRat	SIZE₁	MVBV₁	ROI₁	STATE	YEAR	AGE	GENDER	EDU	COMMIT	COMPETE₁	PRESTIGE
Pre	1														
FCF	-0.0261	1													
INFO	-0.0905*	-0.0362	1												
LevRat	-0.0727*	0.00440	0.1089*	1											
SIZE₁	0.0210	-0.0942*	-0.0526*	-0.0676*	1										
MVBV₁	0.0380	-0.1398*	-0.0952*	0.3055*	-0.1292*	1									
ROI₁	0.0307	0.00220	-0.0395	-0.0571*	0.0261	0.00700	1								
STATE	-0.0977*	-0.0405	0.0323	0.0997*	0.0886*	-0.0397*	-0.0194	1							
YEAR	0.3128*	0.0574*	-0.1362*	-0.0907*	0.0803*	0.0448*	0.0250	-0.3719*	1						
AGE	0.00180	0.0393	-0.0730*	-0.0309	0.1879*	-0.00720	0.00150	0.0170	0.1207*	1					
GENDER	-0.0690*	0.00400	-0.0424*	-0.0884*	0.0621*	-0.00640	0.0134	0.0774*	-0.0240	0.0914*	1				
EDU	0.0847*	0.0440	-0.0348	-0.00930	-0.00290	-0.0327	-0.00760	-0.0232	0.0682*	-0.1041*	-0.0592*	1			
COMMIT	0.0238	0.0879*	0.0786*	0.0882*	-0.1490*	0.0989*	0.0259	-0.0503*	-0.0740*	-0.1465*	-0.0645*	-0.0478*	1		
COMPETE₁	-0.00970	-0.0291	-0.1253*	-0.0381	0.1760*	-0.0358	-0.00960	0.1321*	0.0545*	0.1027*	0.0978*	0.0953*	-0.4973*	1	
PRESTIGE	0.0654*	-0.0174	-0.0654*	-0.0553*	-0.1015*	-0.00700	0.0386	-0.1731*	0.1269*	-0.1139*	-0.0256	0.00430	0.1353*	-0.0260	1

注1:*表示显著性水平<0.05。

注2:SIZE₁与SIZE₂、MVBV₁与MVBV₂、ROI₁与ROI₂、COMPETE₁与COMPETE₂分别为改变计算方式所测算的替代变量,具有显著共线性。因此,此处仅列示其中一个。经测算,三组替代变量与其他变量间的相关性方向和显著程度均一致。

3）Logistic 回归分析

表6-9是将公司在实施并购活动中是否存在溢价支付设为因变量，将各个相关的影响因素作为解释变量，对企业并购溢价与管理者过度自信进行的 Logistic 回归分析。

表6-9　　并购溢价及其影响因素的 Logistic 回归结果

	（1）Pre	（2）Pre	（3）Pre	（4）Pre
FCF	−0.0164 (0.0138)	−0.0154 (0.0140)	−0.0261 (0.166)	−0.00498 (0.0152)
INFO	−0.110** (0.0538)	−0.115** (0.0584)	−0.299 (0.411)	0.00957 (0.0846)
LevRat	−0.716** (0.290)	−0.929*** (0.303)	−6.075*** (1.945)	−0.875** (0.427)
$SIZE_1$	0.0355 (0.0459)	0.0568 (0.0473)	−0.338 (0.346)	0.00820 (0.0623)
$MVBV_1$	−0.0417 (0.0648)	−0.0234 (0.0665)	0.408 (0.483)	0.0148 (0.0880)
ROI_1	0.545 (1.253)	0.150 (1.353)	−23.34** (9.962)	3.396* (1.872)
STATE	0.243* (0.131)	0.280** (0.137)	0.870 (1.143)	0.498*** (0.177)
YEAR	0.262*** (0.0235)	0.253*** (0.0246)	1.152*** (0.404)	0.228*** (0.0311)
AGE		0.00204 (0.00885)	−0.113 (0.0732)	0.00933 (0.0110)
GENDER		−1.013*** (0.246)	−5.110 (3.590)	−0.752** (0.346)

续表

	（1）Pre	（2）Pre	（3）Pre	（4）Pre
EDU		0.300**		
		(0.122)		
COMMITt		−0.339	−4.203	−0.0927
		(0.551)	(2.767)	(0.737)
COMPETEₜ		−0.0164	−0.134	0.000477
		(0.0245)	(0.147)	(0.0341)
PRESTIGE		−0.0161		
		(0.143)		
_CONS	−526.4***	−508.6***	−2292.6***	−459.3***
	(47.23)	(49.31)	(809.1)	(62.32)
N	1558	1549	105	867
Pseudo R²	0.1051	0.1171	0.4443	0.0987

Standard errors in parentheses

* p < 0.1，** p < 0.05，*** p < 0.01

在表6-9中：

第（1）列呈现的是对全样本的仅含控制变量（自由现金流量、日股票换手率、举债经营比率、公司规模、市账比率、总资产净利润率、控制人类型与年份）的回归结果。

第（2）列的 Logistic 回归呈现的是在第一列的基础上（包含控制变量），加入表示管理者过度自信的变量（CEO 年龄、性别、教育程度、前三位高管薪酬比例、高管人数、CEO 是否身兼董事会主席）后的回归结果。

第（3）列和第（4）列分别报告了对过度自信子样本数据的 Logistic 回归结果，第（3）列样本筛选的范围为 CEO 的教育背景为研究生及以上学历且 CEO 兼任公司董事会主席（EDU1=1；PRESTIGE=1）；第（4）列的管理者过度自信中的教育背景与声望两个变量的样本筛选范围更替为

CEO 学历本科及以下且 CEO 不兼任公司董事会主席（EDU=0；PRESTIGE=0）。

表6-9的Logistic回归结果表明：

（1）对于管理者的过度自信个人特征的替代变量——性别，回归结果与预期以及既往学者的研究是相悖的，较之男性管理者，我国上市公司的女性管理者表现的过度自信程度更强，在并购中的溢价支付程度更高。其中可能的原因是在本书的样本中，虽然女性管理者只占5.85%，但是如此凤毛麟角的女性管理者之所以能够取得事业上的成功应该与其自身的自信、积极、果断、不断追求创新等进取型个人特质密不可分，因此本书的回归结果表现出的女性管理者主导的并购项目往往存在高溢价程度的支付，她们可能会在公司的并购溢价决策中表现出更高程度的过度自信。

（2）管理者的过度自信个人特征的替代变量——教育程度，与并购高溢价程度呈显著的正相关关系。管理者受教育程度与过度自信程度正相关。因为从心理学的角度讲，当决策出现好的结果时，管理者往往会将其归功于自己对决策所拥有的知识，而一旦出现坏的结果，管理者就会把坏的结果归咎为坏的运气（Bantel 和 Jackson，1989；Heath 和 Tversky，1991；Landier 和 Thesmar，2009），因此管理者的受教育程度越高，越会过高估计自己所掌握的知识，出现过度自信的认知偏差，因此，在并购的支付过程中，由于管理者的过度自信，产生未来并购协同效应的过高估计、潜在风险的过低估计，从而导致过高的并购溢价程度。

以上两个代表管理者过度自信个人特征的变量在一定程度上验证了本节的H4a：较之理性同侪，过度自信管理者所支付的溢价程度更高。

（3）从验证结果还可看到，当收购公司为国有控股公司时，会明显倾向于支付高于30%的并购溢价，该结果验证了本节的H4b：国有控股企业的管理者存在过度自信认知偏差，且管理者的过度自信与并购溢价程度呈正相关关系。一方面，这可能是由于国有控股企业的股权集中度较高，企业控制人多为国有控股的非流通股股东，他们的收益更多地取决于上市公司净资产的增加，从而导致非流通股股东期望通过增加自身的净资产来实现私有利益，他们期望通过并购实现资产规模的扩张，实现控股股东私有利益最大化。因此国有控股企业极有可能通过高程度的并购溢价来推动并购项目的完成，从而获取控制权收益。另一方面，也可能是由于样本期间的国有控股企业的并购项目包括其在海外的并购，由于国有控股企业的海外并购多存在政治关联，因此海外的目标公司对来自中国的收购方的并购行为产生敌意，提出更高的标的价格；并购的高溢价程度还随着时间的推移而显著增加，随着商业市场竞争的加剧，收购公司的管理者为了在市场中获得更多的份额，稳定本公司的市场竞争力，因此更会孤注一掷获得目标公司，从而完成公司的战略布局。

4）稳健性检验

为了使本章的研究结果更为稳健，本书进行了如下两方面的检验：

（1）替换主要变量。对 Logistic 回归结果的第（2）、（3）和（4）列的主要变量进行替换。其中公司规模以 $SIZE_2$ 替换 $SIZE_1$，即以对数化的期末股价替换对数化的期末总资产；公司的市账比率以 $MVBV_2$ 替换 $MVBV_1$，即以流通股股价/期末资产总额代替净资产/期末资产总额；预期收益以 ROI_2 替换 ROI_1，即以净利润/期末平均资产总额替换净利润/期末资产总额。

（2）采用 Probit 模型对 Logistic 回归结果的第（2）、（3）和（4）列进行稳健性检验。Probit 模型与 Logistic 模型都是应用于因变量是分类变量的情况，区别在于采用的分布函数不同，Logistic 模型假设随机变量服从逻辑概率分布，而 Probit 模型假设随机变量服从正态分布，两种方法具有较强的关联性，非常适合用于做稳健性检验。

并购溢价及其影响因素的稳健性检验见表6-10。

表6-10　　　　　　　**并购溢价及其影响因素的稳健性检验**

	Logistic			Probit		
	（1）	（2）	（3）	（4）	（5）	（6）
	Premium	Premium	Premium	Premium	Premium	Premium
FCF	−0.0166	−0.0748	−0.00471	−0.00826	−0.0397	−0.00306
	(0.0152)	(0.0515)	(0.0150)	(0.00664)	(0.0314)	(0.00884)
INFO	−0.193***	−0.229**	−0.0787	−0.0713**	−0.112**	0.000863
	(0.0647)	(0.0952)	(0.0928)	(0.0355)	(0.0504)	(0.0508)

	Logistic			Probit		
	（1）	（2）	（3）	（4）	（5）	（6）
	Premium	Premium	Premium	Premium	Premium	Premium
LevRat	−0.719**	−0.497	−0.684	−0.576***	−0.562**	−0.529**
	(0.321)	(0.475)	(0.448)	(0.185)	(0.278)	(0.259)
$SIZE_1$				0.0347	0.0792*	0.00402
				(0.0288)	(0.0468)	(0.0382)
$MVBV_1$				−0.0169	−0.0245	0.00644
				(0.0407)	(0.0627)	(0.0540)
ROI_1				0.0954	−0.822	2.083*
				(0.826)	(0.685)	(1.125)
STATE	0.353**	0.263	0.530***	0.161**	0.0616	0.291***
	(0.141)	(0.234)	(0.184)	(0.0818)	(0.133)	(0.106)
YEAR	0.270***	0.329***	0.242***	0.153***	0.179***	0.137***
	(0.0265)	(0.0459)	(0.0330)	(0.0145)	(0.0249)	(0.0183)
AGE	0.00838	−0.00553	0.0212	0.00121	−0.00218	0.00566
	(0.0122)	(0.0201)	(0.0158)	(0.00531)	(0.00928)	(0.00661)
GENDER	−1.055***	−0.953*	−1.304**	−0.605***	−0.807***	−0.449**
	(0.405)	(0.561)	(0.598)	(0.147)	(0.212)	(0.207)
EDU	0.226			0.186**		
	(0.199)			(0.0744)		
COMMIT	−0.763	−1.860*	−0.319	−0.185	−0.566	−0.0496
	(0.721)	(1.111)	(0.975)	(0.331)	(0.505)	(0.442)
$COMPETE_1$				−0.00916	−0.0163	0.000936
				(0.0149)	(0.0220)	(0.0208)

	Logistic			Probit		
	（1）	（2）	（3）	（4）	（5）	（6）
	Premium	Premium	Premium	Premium	Premium	Premium
PRESTIGE	0.125 （0.217）			−0.0197 （0.0878）		
$SIZE_2$	−0.181** （0.0737）	−0.198 （0.125）	−0.176* （0.0924）			
ROI_2	−0.0764 （0.0485）	−0.00251 （0.0759）	−0.0864 （0.0647）			
$COMPETE_2$	3.071** （1.544）	−0.0356 （2.559）	6.004*** （2.148）			
_CONS	−538.0*** （52.92）	−654.7*** （91.59）	−484.1*** （65.95）	−307.6*** （29.10）	−358.9*** （49.96）	−276.1*** （36.77）
N	1 545	681	864	1 549	682	867
Pseudo R^2	0.124	0.143	0.107	0.117	0.138	0.099

Standard errors in parentheses

* $p < 0.1$，** $p < 0.05$，*** $p < 0.01$

由表6-10可以看出，在上述两种方式的检验结果中，回归方程的系数方向及显著性具有相近性，因此说明本研究的回归结果具有一定的稳健性。

6.3　本章小结

（1）本章基于理论分析提出了研究假设H3：管理者的过度自信影响着企业并购的对价方式，管理者过度自信程度越高，在收购中越倾向于采用非股权对价方式完成并购。在此基础上，选取2004—2012年发生并购事件的A股主板上市公司的数据库进行假设检验，得到结论如下：

　　管理者的教育背景、前三位高管薪酬比例、公司高管人员数量以及管理者的兼任均与过度自信水平呈正相关关系，因此以上结果足以证明管理者是过度自信的，所以 H3 得到验证，管理者的过度自信影响着企业并购的对价方式，管理者过度自信程度越高，在收购中越倾向于采用非股权对价完成并购。

　　（2）本章基于理论分析提出了两个研究假设，H4a：较之理性同侪，过度自信的管理者所支付的并购溢价程度更高。H4b：国有控股企业的管理者存在过度自信认知偏差，且管理者的过度自信与并购溢价程度呈正相关关系。在此基础上，选取 2004—2012 年发生并购溢价的 A 股主板上市公司的数据库中相关的数据进行假设检验，得到结论如下：

　　①两个代表管理者过度自信个人特征的变量在一定程度上验证了本节的 H4a，即我国上市公司中的管理者都表现得更为过度自信，且较之理性同侪，过度自信管理者支付的溢价程度更高。

　　②从验证结果还可看到，当收购公司为国有控股公司时，会明显倾向于支付高于 30% 的并购溢价，该结果验证了本节的 H4b：国有控股企业的管理者存在过度自信认知偏差，且管理者的过度自信与并购溢价程度呈正相关关系。一方面，这可能是由于国有控股企业的股权集中度较高，企业控制人多为国有控股的非流通股股东，他们的收益更多地取决于上市公司净资产的增加，从而导致非流通股股东期望通过增加自身的净资产来实现私有利益，他们期望通过并购实现资产规模的扩张，实现控股股东私有利益最大化。因此国有控股企业极有可能通过高程度的并购溢价来推动并购项目的完成，从而获取控制权收益。另一方面，也可能是由于样本期间的国有控股企业的并购项目包括其在海外的并购，由于国有控股企业的海外并购多存在政治关联，因此海外的目标公司对来自中国的收购方的并购行为产生敌意，提出更高的标的价格；并购的高溢价程度还随着时间的推移而显著增加，随着商业市场竞争的加剧，收购公司的管理者为了在市场中获得更多地份额，稳定本公司的市场竞争力，因此更会孤注一掷获得目标公司，从而完成公司的战略布局。

第 7 章

管理者过度自信与并购绩效的实证分析

7.1 ———————— 并购绩效的理论分析与研究假设 ————————

并购绩效的事件研究法在国外的研究中取得了丰富的成果，既有的研究成果都支持目标公司股东在并购事件中获得显著的正的超额收益，既往研究认为过度自信的管理者会在并购活动中过高出价并因此进行过度投资的可能性更大。收购公司所经历的非显著或是消极的并购公告反应说明投资者已经意识到由于过度自信管理者的非理性并购行为而导致收购方股东不能获得正的超额收益，抑或是股东财务遭受损失（Bruner，2002；Jensen 和 Ruback，1983）。过度自信的管理者进行的并购活动是减损公司价值的（Roll，1986；Bradley 等，1988）。Malmendier 和 Tate（2008，2011）在对并购公告的市场反应进行检验时提出是否市场会即刻认清过度自信 CEO 并购活动中的过高出价。

国内的研究结论则未达成一致，陈信元和张田余（1999）利用方差检验和 CAR 检验两种方法发现：上市公司在并购活动后，在观察期 31 天内不存在显著的超额收益，即股价没有出现明显的波动，市场对于公司的兼并收购行为没有反应。余光和杨荣（2000）研究并购事件后得出，目标公司股东可以在并购事件中获得正的累积超额收益，市场对于上市公司并购行为做出短期的正向反应。李善民和陈玉罡（2002）采用事件研究法发现，市场对于并购做出积极反应，因此并购能给收购公司的股东带来显著的财富增加，而对目标公司股东的财富影响不显著。张新（2003）采用事件研究法实证研究表明，并购重组为目标公司创造了价值，目标公司股票溢价达到了29.05%，超过20%的国际平均水平。刘军（2008）的研究得出在并购后的短期内，市场会做出积极反应，故为目标公司创造了价值，给股东带来了较高的超额收益，但是在较长时间内，公司价值有受损的可能。王海兵（2009）运用事件研究法，对1999—2008年的58起外资并购事件的市场反应进行研究发现，在并购公告后产生明显的超额收益，而公告前则基本上是围绕0上下波动，从公告日前2天开始，超额收益开始大幅上升，在公告日当天，CAR值达到1.5921%，公告后CAR继续升高，在公告日后第16天CAR达到最大，为2.5036%。随后，CAR开始下降，但CAR仍然一直处于0的上方。这一结果表明，市场对并购宣告存在积极的正向反应，即外资并购的宣告提升了目标公司的股价，值得注意的是，并购宣告效应在公告日前2天被提前释放出来，这与我国资本市场的不完善有较大关系。在经济直觉上，既往绩效较差的管理者所发起的并购产生的绩效可能较差，他会有更大的动机去施行并购，从而保障公司的生存，或是去发现他们可能擅长的新业务（Lang等，1989；Morck等，1990）。但Roll（1986）提出的既往绩效好的管理者可能会由于自大、过分骄傲或是野心而导致在评估并购项目时过分乐观，做出错误的判读与决策，因此，受到管理者过度自信的影响，既往绩效好的管理者实施的并购容易使收购公司价值受损。我国管理层持股比例较低，而过度自信的程度可能较高。综上所述，提出本书的假设H5：

H5：相较于理性同侪，过度自信管理者所在的收购公司获得的并购绩效较差。

7.2　并购绩效的样本选择与数据来源

本节根据被解释变量-收购公司并购绩效的累计超额收益率（CAR），

以及相关变量的度量，以2004—2012年沪深两市A股主板上市公司发起的并购事件为基本研究样本，主要通过以下渠道获取数据：（1）并购基本数据来源于国泰安数据服务中心（CSMAR）提供的中国上市公司并购重组研究数据库。对于CSMAR中记录不完整的数据，通过查找WIND资讯的并购数据库予以核对；（2）管理者的特征数据来源于国泰安数据服务中心（CSMAR）提供的中国上市公司治理结构研究数据库，对于CSMAR中记录不完整的数据，以新浪财经人物库、上海证券交易所与深圳证券交易所网站公告的数据作为补充；（3）上市公司的基本特征数据以及财务特征等数据来源于国泰安数据服务中心（CSMAR）提供的中国上市公司财务报表数据库、上市公司财务指标分析数据库、上市公司治理结构研究数据库、上市公司股东研究数据库和股票市场交易数据库。

在样本的选择过程中进行如下筛选：（1）以2004年作为研究起始时间点是因为我国上市公司披露并购交易的信息数据自2004年才开始相对较为完整。（2）由于有些并购交易在其公告发布后，要经过一段时间才能确定该并购事件是否成功，所以本书将样本最终的研究时间限定在2012年。通过长达9年的窗口期，可更有利地观察并购选择的影响因素对并购行为所产生的作用（方向、程度等）。（3）剔除CSMAR并购重组数据库中标注"交易失败"的并购事件。（4）剔除其中发生股份回购、资产剥离、债务重组以及难以区分交易地位的资产置换事件。（5）剔除发生行政划转、无偿受让、司法裁定、继承赠予等不符合市场化交易的并购事件。（6）剔除重大资产购买等非并购意义上的交易事件。（7）剔除所有金融、保险行业的并购样本。（8）剔除并购交易事项当年处于ST类样本。（9）剔除数据缺失或数据异常的并购样本。经过以上步骤的筛选，最终得到有效的观察值5 317。

7.3　并购绩效的变量定义与模型构建

1）被解释变量

被解释变量是代表收购公司并购绩效的累计超额收益率（CAR）。由于学术界对于事件期的选择还没有统一的观点与一致的界定方法，本书采用较为普遍的并购公告前后20个交易日［−10，+10］（不含公告日）的累计超额收益率（CAR）。计算方法为累计超额收益率（CAR）= $\sum$（实际收益率−市场指数收益率）[①]。

2）管理者过度自信的度量

代表一组个人特征变量的X1'：年龄（AGE）、性别（GENDER）、教育背景（EDU）、并购经验（L.MandA）。代表一组管理者所处的外部环境变量的X2'：相对薪酬（COMMIT）、竞争（COMPETE）、声望（PRESTIGE）。

（1）代表一组个人特征变量的X1'中各变量与管理者过度自信的关系如下：

①年龄（AGE）度量公司管理者年龄的实际值。年龄与个人的过度自信水平呈正或负相关关系是值得商榷的。例如，Crawford 和 Stankov（1996）选择18—85岁的人群作为研究对象时发现，当面临常识性问题与一般性推理任务时，年长的人会表现出更高的过度自信水平。Malmendier 和 Tate（2008，2011）的研究得出同样的结论，他们认为出生在19世纪30年代的人们更趋向于过度自信，可能是因为他们经历了世界大战。另一方面，Bertrand 和 Schoar（2003）发现年轻人会比与之相似的年长的人更过度自信。Carlsson 和 Karlsson（1970）、Vroom 和 Pahl（1971）的研究表明年龄较长的管理者倾向于采取风险较少的决策。Kovalchik、Camerer 和 Grether等（2005）在对年龄与经济决策行为间的关系进行的研究同样发现，相较于年龄小的人员，年龄较长的人员在经济决策过程中会表现出较低的过度自信水平。Forbes（2005）得出相似的结论，相对于年龄较小的管理者，年龄较长的管理者可能由于其拥有更丰富的经营管理经验，因此他们过度自信的水平可能较低。在本书的实证研究中采用AGE度量公司管理者年龄的实际值。

②性别（GENDER）。传统观点认为男性会比女性表现出更高的自信水平（Deaux 和 Emswiller，1974；Barber 和 Odean，2001；Soll 和

---

① 该计算方法参考深证证券交易所综合研究所的《指数调整事件与成交量效应研究》的指数调整模型。

Klayman，2004）。例如，Dunning等（2003）在让研究对象评估自己所完成的具有典型男性导向的任务（即科学任务）时发现，女性的表现与其男性同伴相似时她们却往往认为自己做得不如他们。此外，Graham等（2005）进行的盖洛普（Gallup）投资者调查的电话访问的实证结果得出投资者自我认知能力与性别（如果是男性）呈正相关关系。我国学者杨青（2007）发现在我国证券市场上男性交易者较女性交易者更倾向于过度自信。庞建勇和王凯（2009）借鉴江晓东（2006）的实证研究，通过收集漳州一家证券营业部的账户交易数据及相应的性别属性对此做了一些实证研究。研究结果显示，在10个月的样本期中，只有1月的男女月度换手率均值差异通不过5%的显著性检验，其他9个月的数据都表明男性投资者的月度换手率显著高于女性投资者，男性投资者比女性投资者更容易过度自信。然而Lundeberg等（1994）对过度自信的研究中发现仅当受访者的测试答案是错误时才表现出男性过度自信程度超过女性，而当受访者的回答正确时，过度自信的性别差异不显著。此外，Deaves等（2003）在对大学生进行计算机交易实验时发现过度自信的性别差异（由标准误差进行度量）不显著。Lundeberg等（2000）在对同一文化背景下的男性与女性进行比较后也没有发现整体上的过度自信性别差异。Biais等（2005）认为过度自信并不存在性别差异。在本书的实证研究中公司的管理者为男性时，GENDER赋值为1；女性则赋值为0。

③教育背景（EDU）。管理者所受教育程度可以部分地解释他们的自信水平。然而，关于自信水平与教育程度间的正向或负向关系，不同的研究呈现出相冲突的结论。一般认为，管理者受教育程度越高，其自信程度可能会越强，因为从心理学的角度讲，当决策出现好的结果时，管理者往往会将其归功于自己对决策所拥有的知识，而一旦出现坏的结果，管理者就会归咎为差的运气。如Bantel和Jackson（1989）认为高管成员学历越高对公司的战略变化越有利；Heath和Tversky（1991）的研究结果表明，管理者在认为其对所做的决策拥有更多的知识时，往往会更倾向于过度自信；Landier和Thesmar（2009）的研究也发现，教育程度较高的企业家对自己的想法越乐观。然而也有学者认为，随着教育水平的提高，人们的过度自信水平会弱化。这是因为教育水平越高，人们的知识面越宽，掌握的

143

知识越丰富，因此在决策时，会更全面地考虑问题，从正反两个方面获取相关信息，从而减少决策时所产生的判断偏差。Graham 等（2005）对投资者自我认知能力的实证研究发现过度自信水平与大学及研究生学历呈正相关关系。然而，Lundeberg 等（1994）发现相对于男性和女性的研究生以及女性大学生而言，男性大学生在他们的判断是错误的时候往往表现得极为过度自信。在本书实证研究的设计中，当公司管理者的学位为硕士及以上时，EDU 赋值为 1；本科及以下时赋值为 0。

（2）代表一组管理者所处的外部环境变量的 X2′ 中各变量与管理者过度自信的关系如下：

①相对薪酬（COMMIT）。相对薪酬是公司薪酬前三位高管的薪酬比例。管理者薪酬的相对比例可以帮助说明其过度自信行为，因为过度自信的管理者可能会关注薪酬激励所产生的影响力。薪酬最高的管理者相对于公司内的其他管理者的薪酬越高，说明他在公司内的地位越重要，对公司的控制力越强，也越易产生过度自信认知偏差，且随着薪酬相对比例的提高，过度自信程度越高（Hayward 和 Hambrick，1997）。Brown 和 Sarma（2006）的研究得出，管理者的薪酬比例越高，他的控制力越强。因为我国上市公司披露的信息中，并未包含每一位高官的薪酬数值，披露的只有薪酬前三位高管的薪酬总额以及所有高管的薪酬总额，因此，本书借鉴姜付秀等（2009）的研究，选择样本公司薪酬前三位高管的相对薪酬比例，即"薪酬最高的前三名高管薪酬之和/所有高管的薪酬之和"来表示[①]。COMMIT 值越高，说明管理者过度自信水平越高。

②竞争（COMPETE）。竞争是公司中高管的数量。Goel 和 Thakor（2002）的研究发现，管理者过度自信的程度与公司中与其竞争晋升的高管数量呈正向关系。也就是说，在公司中存在的高管总数量越多，那么他们的晋升机会对于 CEO 来说构成越大的潜在的职位竞争。因此，为了稳固职位，公司的高管数量越多，管理者过度自信水平越高。在本研究的设

---

① 由于我国上市公司的财务报告中只披露薪酬最高的前三名高管薪酬之和以及全部高管薪酬之和，因此，本书不能采用 Hayward 和 Hambrick（1997）所采用的管理者中第一高的薪酬与第二高的薪酬比例进行衡量，只能根据我国上市公司的实际情况，用"薪酬最高的前三名高管薪酬之和/所有高管的薪酬之和"来表示，尽管各公司的高管数目各不相同，但是在此我们假定前三位高管作为一个整体代表公司的管理者，那么，该指标在一定程度上也能够反映出管理者在公司中的重要性，因此，本书的设计与 Hayward 和 Hambrick（1997）的思想是相符的。

计中，COMPETE 代表公司高管人员的数量，高管人数越多，说明管理者过度自信水平越高。

③声望（PRESTIGE）。声望是 CEO 兼任董事长。Malmendier 和 Tate（2008，2011）发现过度自信行为会随着管理者头衔的增多而增加。管理者头衔的累积包括 CEO 兼任公司董事长。身兼数职的管理者，由于高度集权于一身，随着承担的责任越来越多，其过度自信的程度亦随之增加，从公司治理的角度来看，这也可解释董事会的弱警觉性使得管理者过度投资（Hayward 和 Hambrick，1997）。在公司中管理者被认为是声望追寻者，他们将并购活动的成功完全视为是提升自己声望的路径之一。本研究的设计中，如果 CEO 同时兼任董事长，PRESTIGE 赋值为 1；否则赋值为 0。

3）代表一组控制变量的 X3′

①自由现金流量（FCF）。Jensen（1986）提出，如果高管偏好掌控公司更多的资产，那么他可能会为了"帝国构建"的一己私利而热衷于将公司可动用的现金流进行非效率的投资。而市场也会解读出高管行为的利己倾向，并且将对潜在的过度投资的高管实行惩罚。Lang 等（1991）发现当公司拥有较高水平的现金流，但其成长空间较小时（如成熟公司），公司的股票在并购公告后存在负向的价格效应。Malmendier 和 Tate（2008，2011）、叶蓓（2008）、姜付秀等（2009）的实证研究结果均显示企业的内部现金流会促使企业并购行为的发生，二者之间呈正相关关系。本书的实证设计采用的代表公司内部资源与潜在的代理问题的变量是 FCF，它等于公司每股自由现金流量与总股数的乘积。

②信息不对称程度（INFO）。公司的并购活动也会受到信息不对称因素的影响。在资本市场中，资金的提供者所掌握的信息总是比资金的需求者要少，因此即使企业拥有最佳的投资机会，但由于投资者与高管所拥有的信息不对称，公司也可能会被迫投资不足。换言之，由于存在信息不对称，"公司知道投资者所不知道的信息"，对公司知之甚少的投资者会质疑了解内情的高管正在发行的定价过高的新股（Myers 和 Majluf，1984），抑或债权人所面对的是无法观察道德品质与信贷配给的借款人（Stiglitz 和 Weiss，1981），因此对于信息不对称程度高的公司，其会被赋予更高的预

测风险水平，投资者与债权人会因此要求更高水平的风险溢价，而公司则可能会因过分昂贵或无法得到的外部融资导致投资减少。虽然不能直接观察到公司的信息不对称程度，但可以用不同的方法去测量，比如，公司股票的买卖价差、交易量、换手率（Leuz 和 Verrecchia，2000）、分析师预测的准确性（Marquardt 和 Wiedman，1998）。考虑到我国股票市场的特殊性，本书采用的是日股票换手率，也就是用日均股票交易量/公司总市值对公司的可获得信息进行度量，换手率指标由交易量和流通股总股数两个指标构成，考虑了上市公司规模对流动性的影响，更具有代表性。Leuz 等（2000）指出，交易量体现了投资者买卖公司股票的意愿，而这种意愿应该与信息不对称的程度负相关，即低程度的信息不对称是和较高的交易量相关的。一些实证研究支持了将交易量作为信息不对称的反向代理变量，如 Easley 等（1998）研究表明随着交易量的增加，以私人信息优势为基础的交易的概率在减少。INFO 代表可获得的公司特定信息，预期 INFO 与公司的信息不对称呈负相关关系，即日股票换手率越大，信息不对称水平越小，换言之，日股票换手率与信息披露程度正相关。

③负债经营比率（LevRat）。并购活动可能会由于公司深陷财务困境而减少。强制性的债务偿付会使为了一己私利的管理者减少补贴性消费，因此负债比率高的公司可能会较少进行过度投资（Jensen，1986）。如果公司有债务悬置，那么所带来的问题是：过多的负债容易造成还债额空缺（还债额高于现有资产），公司新的投资项目所获得的收益被债权人优先获得，因此管理者没有进行投资的激励（Myers，1977）。Hart 和 Moore（1995）提出公司的硬债务能够约束管理者的投资行为，公司的财务杠杆和未来投资增长呈负相关关系。本书采用负债经营比率 LevRat 表示公司层面财务困境，即负债经营比率=期末负债总额/期末资产总额。

④规模（SIZE）。规模较大的公司会比小规模公司更易获得较低融资成本的机会，这将促使前者进行更多的并购活动（Banz，1981；Fama 和 French，1992；Fama 和 French，1993；Fama 和 French，1996）。这种"规模效应"的产生主要是由于小规模公司较低的盈利能力使其产生财务困境的风险增加（Fama 和 French，1993）。Malmendier 和 Tate（2008）的研究认为公司的规模对并购行为的产生具有正向影响。本书采用 SIZE=ln（期

末资产总额）表示规模。

⑤投资机会（MVBV）。当公司盈利能力的空间增加，公司的投资支出亦随之增加（Modigliani 和 Miller，1958）。因此，当公司的并购机会增加时，管理者在并购项目上投入的资本越多，也就是实施了更多的并购活动。代表公司投资机会的变量 MVBV 表示公司的市账比率。

⑥预期收益率（ROI）。公司投资的预期收益率为其实际的收益率。Kaplan（1997）认为投资预期收益率（ROI）是衡量公司表现的关键指标，但是由于无法获得准确的数据，本书用总资产收益率（ROA）代替。管理者预期并购项目未来所产生的 ROI 越高，其越倾向于进行并购。ROI 用实际资产收益率 ROA 进行计算，ROI 即为公司净利润/期末资产总额。

⑦控制人类型（STATE）。考虑到控制人类型对于中国上市公司管理者的并购决策具有相当大的影响，由于我国国有控股企业在上市公司中占有很大份额，这类公司的并购决策应该与其他类型的公司不同。本书设定了一个用以描述公司控制人类型的虚拟变量 STATE。如果控制人类型为国有控股赋值为1；非国有则赋值为0。

⑧年度（YEAR）。为了控制并购事件发生年份这一宏观因素变化的影响，本书选用年度变量 YEAR，控制年份为2004—2012年。

为了研究与理性同侪相比，过度自信管理者对企业并购绩效的影响，本研究拟在控制公司特征（自由现金流量、内部信息、财务困境、规模、投资机会、投资预期收益率、控制人类型以及年度）的条件下，实证检验管理者过度自信对并购绩效的影响。建立模型如下：

$$20DaysCAR_{(-10,+10)} = \alpha + \beta_1 X'1 + \beta_2 X'2 + \beta_3 X'3 + \varepsilon \tag{4}$$

其中，β 为回归系数，ε 为随机误差项。

回归系数 β 以并购发生比（Odds Ratio）的形式表示，即表示管理者过度自信的公司和非管理者过度自信的公司在并购绩效上是否存在显著的差异。

7.4 —————— 并购绩效的实证检验与结果分析 ——————

1）描述性统计

表7-1与表7-2报告了并购行为选择及相关影响因素的描述性统计情况。其中，因变量CAR表示公告前后20个交易日（-10，+10）（不含公告日）的累计超额收益率，FCF表示自由现金流量，计算方法为每股自由现金流量×总股数；INFO表示对数化的日股票换手率，计算方法为ln（日股票交易量/公司总市值）；LevRat表示负债经营比率，计算方法为期末总负债/期末总资产；SIZE代表对数化的期末总资产；MVBV代表市账比率，计算方法为市场价值/期末总资产；ROI为总资产净利润率，计算方法为净利润/期末总资产；AGE表示公司高管的年龄；COMMIT表示公司薪酬前三位高管的薪酬比例，计算方法为薪酬最高的前三位高管薪酬之和/全部高管薪酬总和；COMPETE表示公司高管人员数量。分类变量GENDER，EDUCATION，PRESTIGE分别表示公司董事长性别和学历以及CEO是否兼任董事长。

表7-1　　并购绩效及相关影响因素的描述性统计（连续性变量）

变量名称	观测值	均值	标准差	最小值	中位数	最大值
CAR	8 845	0.04	0.23	-0.82	0.02	7.81
FCF	5 411	0.15	4.96	-196.6	0.1	243.2
INFO	8 670	5.55	1.10	-5.38	5.68	8.10
LevRat	8 845	0.60	0.61	0.01	0.56	14.47
SIZE	8 842	21.83	1.47	13.08	21.70	30
MVBV	8 826	2.14	11.10	0.18	1.39	955.1
ROI	8 841	0.04	0.67	-51.30	0.04	22.01
AGE	8 772	50.15	6.99	26.00	50.00	73.00
COMMIT	8 766	0.41	0.14	0.03	0.39	1
COMPETE	8 824	6.48	2.84	0	6	64

表7-2　　**并购绩效及相关影响因素的描述性统计（分类变量）**

变量名	变量分类	分类变量取值	频数	频率（%）
GENDER	女性	0	473	5.36
	男性	1	8 348	94.64
EDU	本科及以下	0	6 551	74.27
	硕士及以上	1	2 270	25.73
PRESTIGE	CEO 不兼任董事长	0	7 501	85.01
	CEO 兼任董事长	1	1 323	14.99
STATE	非国有控股	0	5 207	59.01
	国有控股	1	3 617	40.99

149

　　表7-1与表7-2分别从连续变量和分类变量的角度对影响并购绩效的因素进行统计性分析。从样本总体的结果来看，并购绩效的均值为0.04，标准差为0.23，最小值与最大值分别为-0.82与7.81；从公司的自由现金流量FCF情况来看，研究期间共有5 411家企业的均值为0.15，标准差为4.96，最大值与最小值的差额约为440；代表公司信息披露的日股票换手率对数的均值为5.55，标准差为1.10；在CEO的相对薪酬方面，从总体样本中剔除了CEO薪酬综合数据缺失的样本、考察年份CEO发生变更的样本，最后得到8 766个CEO相对薪酬的数据，均值为0.41；公司内对CEO构成竞争的高管的大部分数量为4~8名，该数值越大，则管理者越有过度自信的倾向；在样本公司中，CEO的平均年龄约为50岁，大部分CEO的年龄为43~57岁；女性CEO的占比只有5.36%，而男性CEO则占绝大多数；在本书研究的样本中，本科及以下的CEO约为获得硕士以上学历CEO的3倍；CEO一人兼两职约占18%；国有控股公司占样本量的41%。

　　2）相关性分析

　　并购绩效及其影响因素的相关性检验见表7-3。

表7－3

并购绩效及其影响因素的相关性检验

	CAR	FCF	INFO	LevRat	SIZE	MVBV	ROI	STATE	YEAR	AGE	GENDER	EDU	COMMIT	COMPETE	PRESTIGE
CAR	1														
FCF	-0.00620	1													
INFO	-0.1387*	-0.0241	1												
LevRat	0.00920	-0.1549*	0.0634*	1											
SIZE	-0.0432*	0.00440	-0.2155*	-0.0882*	1										
MVBV	0.0289*	-0.3424*	-0.0458*	0.0899*	-0.0701*	1									
ROI	0.0126	0.5209*	-0.0682*	-0.2079*	0.0494*	-0.1234*	1								
STATE	0.00700	-0.0253	-0.0784*	-0.0223*	0.1442*	-0.0175	-0.0207	1							
YEAR	-0.0264*	0.0506*	-0.0139	-0.00920	0.1536*	0.0343*	0.0271*	-0.3082*	1						
AGE	-0.00640	0.0100	-0.0749*	-0.0687*	0.1911*	0.00130	-0.0108	0.0328*	0.1308*	1					
GENDER	-0.0193	0.0143	-0.0117	-0.0204	0.0554*	0.00440	0.00340	0.0634*	-0.0234*	0.0524*	1				
EDU	-0.0149	0.0259	-0.0713*	-0.0203	0.0793*	-0.0189	-0.00330	-0.0136	0.0675*	-0.0809*	0.0181	1			
COMMIT	0.0515*	0.0125	0.0878*	0.0755*	-0.1914*	0.0537*	-0.0114	-0.1010*	-0.0446*	-0.0937*	-0.0315*	-0.0672*	1		
COMPETE	-0.0484*	0.00810	-0.1429*	-0.0600*	0.2245*	-0.0326*	-0.00130	0.1109*	0.0846*	0.0985*	0.0681*	0.0726*	-0.4755*	1	
PRESTIGE	0.0109	-0.0243	-0.0363*	-0.0362*	-0.0839*	0.0223*	0.00130	-0.1306*	0.0565*	-0.1068*	-0.0116	-0.00780	0.1186*	0.0290*	1

注1：*表示显著性水平<0.05。

注2：SIZE1与SIZE2，MVBV1与MVBV2，ROI1与ROI2，COMPETE1与COMPETE2分别为改变计算方式所测算的替代变量，三组替代变量与其他变量与其他变量间的相关方向和显著程度均一致。具有显著共线性，因此，此处仅列示其中一个。经测算，三组替代变量与其他变量间的相关性方向和显著程度均一致。

由表7-3的相关性分析中各有关变量之间的Pearson相关系数得知，收购公司的并购绩效（CAR）与代表公司并购机会的变量（MVBV）呈正相关关系，表明企业的并购机会越多，在盈利能力的空间增加时，市场会对公司的并购产生积极反应，故而并购绩效增加；收购公司的并购绩效（CAR）与代表CEO在公司中的责任的薪酬比例（COMMIT）呈显著的正相关关系，管理者的薪酬比例越高，对公司的控制能力越强，越易产生过度自信心理，同时并购产生的绩效越高。收购公司的并购绩效（CAR）与代表公司信息披露的日股票换手率（INFO）、公司规模（SIZE）以及对CEO职位构成威胁的高管人员数量（COMPETE）呈显著的负相关关系。

3）Logistic回归分析

表7-4是将并购绩效作为因变量，相关影响因素作为自变量，进行线性回归。

表7-4　　并购绩效（20DaysCAR）及其影响因素的回归结果

	（1） CAR	（2） CAR	（3） CAR	（4） CAR
FCF	−0.000727 (0.000704)	−0.000652 (0.000606)	−0.000347 (0.00245)	−0.000606 (0.00116)
INFO	−0.0180*** (0.00279)	−0.0138*** (0.00259)	−0.0000828 (0.00818)	−0.0130*** (0.00359)
LevRat	0.00177 (0.00581)	0.000547 (0.00502)	0.00186 (0.0559)	0.000952 (0.00568)
$SIZE_1$	−0.0117*** (0.00236)	−0.00635*** (0.00211)	−0.00304 (0.00747)	−0.00470 (0.00299)
MVBV	0.00271*** (0.000814)	0.00244*** (0.000702)	0.00554 (0.00580)	0.00159** (0.000747)
ROI	0.0152 (0.0170)	0.0214 (0.0147)	0.0692 (0.159)	0.0635*** (0.0194)

	（1） CAR	（2） CAR	（3） CAR	（4） CAR
STATE	0.00581 （0.00627）	0.0123** （0.00551）	−0.00845 （0.0202）	0.0113 （0.00714）
YEAR	0.00102 （0.00136）	0.00294** （0.00120）	−0.00869** （0.00361）	0.00266* （0.00157）
AGE		−0.000483 （0.000368）	0.00229* （0.00131）	−0.000739 （0.000456）
GENDER		0.0158 （0.0117）	0.0865* （0.0496）	0.0174 （0.0153）
EDU		−0.0149** （0.00589）		
COMMIT		0.0582*** （0.0206）	−0.00849 （0.0627）	0.0599** （0.0260）
COMPETE		−0.00286*** （0.00105）	0.000639 （0.00297）	−0.00300** （0.00148）
PRESTIGE		−0.0140* （0.00716）		
_CONS	−1.667 （2.718）	−5.651** （2.398）	17.33** （7.204）	−5.129 （3.142）
N	5317	5257	211	3291
R-squared	0.0136	0.0184	0.0761	0.0167
Adj R-squared	0.0121	0.0157	0.0201	0.0131

Standard errors in parentheses

*p <0.1 , **p < 0.05, ***p < 0.01

在表7-4中：

第（1）列是仅含控制变量（自由现金流量、日股票换手率、举债经营比率、规模、市账比率、总资产净利润率、控制人类型与年份）的回归结果。

152

第（2）列是包含控制变量和过度自信变量（董事长年龄、性别、教育程度、前三位高管薪酬比例、高管人员数量、CEO 是否兼任董事会主席）的回归结果。

第（3）列和第（4）列分别是过度自信子样本数据回归，第（3）列样本筛选的范围为 CEO 学历为研究生以上且兼任董事会主席（EDU=1，PRESTIGE=1），第（4）列样本筛选的范围为 CEO 学历为本科及以下且不兼任总经理（EDU=0，PRESTIGE=0）。

表 7-4 回归结果表明：

（1）管理者过度自信个人特征的替代变量——受教育程度，与并购绩效果呈显著的负相关关系。管理者受教育程度与过度自信程度正相关。因为从心理学的角度讲，当决策出现好的结果时，管理者往往会将其归功于自己对决策所拥有的知识，而一旦出现坏的结果，管理者就会把坏的结果归咎为坏的运气（Bantel 和 Jackson，1989；Heath 和 Tversky，1991；Landier 和 Thesmar，2009），因此管理者的受教育程度越高，越会过高估计自己所掌握的知识，出现过度自信的认知偏差，因此，在并购过程中，由于管理者的过度自信，产生未来并购协同效应的过高估计、潜在风险的过低估计，从而导致与理性管理者相比，并购绩效较差。从个人的权利角度考虑（Finkelstein，1992），由于管理者的学历较高，更容易受到董事会尊重（周建，2013），董事会处于信任而对管理者监管较弱，因此对管理者产生的过度自信心理缺少约束，从而使发起的并购绩效较差。

（2）管理者过度自信所处外部环境的替代变量——前三位高管薪酬比例，与并购绩效呈显著的正相关关系。薪酬比例每增加一个单位，CAR 约增加 0.05，该检验结果与假设不符。借鉴业绩–薪酬激励机制（方军雄，2009；李维安，2010），过度自信的管理者，较之理性同侪，更乐于去承担风险，愿意接受具有高报酬–业绩敏感度的薪酬，从而在薪酬提高的前提下，更有动力去使并购绩效表现得更好。

（3）管理者过度自信所处外部环境的替代变量——高管人员数量，与并购绩效呈显著的负相关关系。管理者过度自信的程度与公司中与其竞争晋升机会的高管数量呈正向关系（Goel 和 Thakor，2002）。也就是说，管理者的职位有越多的同侪觊觎，为了稳固职位，管理者的过度自信程度越高。事实上，反之亦然，在成为最高管理者的过程中已经足以使其过度自信，或正是由于管理者的过度自信使其获得更多的晋升机会（Gervais等，2001；Daniel等，2001）。因此过度自信的管理者在并购的绩效中表现不佳。

（4）管理者过度自信所处外部环境的替代变量——管理者兼职董事长与并购行为的选择呈正相关关系。管理者的头衔与过度自信程度呈正相关关系（Malmendier和Tate，2008，2011），也就是说管理者身兼数职时，其承担的责任也越多，集权度越高，因此其过度自信的倾向越高，而董事会对其的监管力度越弱，因此过度自信的管理者在并购的对价方式中倾向于选择现金对价以避免公司原股东控制权稀释。或从管理者权利的角度分析，作为身兼两职的管理者，当两权合一时，其权力（组织权利）会极大地提高（Finkelstein，1992），决策的影响能够凌驾于董事会的监管，使其过度自信大大提高，从而使并购绩效表现较差。

4）稳健性检验

为了确保回归结果的可靠性，本书在变量保持不变的基础上，将并购绩效的窗口期由并购公告前后各10天交易日缩短到并购公告前后各3天进行回归检验。

$$6DaysCAR_{(-3,+3)} = \alpha + \beta_1 X_1' + \beta_2 X_2' + \beta_3 X_3' + \varepsilon \tag{2}$$

并购绩效（6DaysCAR）及其影响因素的回归结果见表7-5。

表7-5　　并购绩效（6DaysCAR）及其影响因素的回归结果

	（1） CAR	（2） CAR	（3） CAR	（4） CAR
FCF	−0.000232 (0.000347)	−0.000227 (0.000346)	−0.000406 (0.00155)	−0.000108 (0.000673)
INFO	−0.0107*** (0.00137)	−0.0103*** (0.00148)	0.00542 (0.00516)	−0.0126*** (0.00207)
LevRat	0.00188 (0.00286)	0.00111 (0.00287)	0.0199 (0.0350)	0.000828 (0.00330)
SIZE1	−0.00379*** (0.00116)	−0.00190 (0.00120)	−0.00312 (0.00466)	−0.00128 (0.00173)

续表

	（1） CAR	（2） CAR	（3） CAR	（4） CAR
MVBV	0.00104*** (0.000401)	0.000888** (0.000400)	0.00461 (0.00367)	0.000431 (0.000434)
ROI	0.0196** (0.00836)	0.0226*** (0.00837)	0.135 (0.100)	0.0566*** (0.0112)
STATE	−0.00181 (0.00309)	−0.000291 (0.00314)	0.00865 (0.0129)	−0.00615 (0.00414)
YEAR	0.00137** (0.000663)	0.00201*** (0.000677)	−0.00284 (0.00227)	0.00171* (0.000905)
AGE		−0.0000984 (0.000210)	0.000327 (0.000831)	−0.0000434 (0.000264)
GENDER		0.00588 (0.00665)	−0.0106 (0.0294)	0.00913 (0.00889)
EDUCATION		−0.00918*** (0.00335)		
COMMIT		0.0399*** (0.0117)	−0.0521 (0.0396)	0.0371** (0.0151)
COMPETE		−0.00146** (0.000598)	0.000490 (0.00188)	−0.00121 (0.000856)
PRESTIGE		−0.00613 (0.00407)		
_CONS	−2.590* (1.328)	−3.923*** (1.356)	5.718 (4.534)	−3.331* (1.810)
N	5348	5288	214	3307
R−squared	0.0168	0.0211	0.0604	0.0277
Adj R−squared	0.0153	0.0185	0.0043	0.0241

155

Standard errors in parentheses

*p<0.1，**p<0.05，***p<0.01

结果显示，预期收益率在窗口期缩短为6天后，表现出与绩效的显著正相关，与预期的结果一致，说明管理者对并购项目未来所产生的预期ROI越高，其越倾向于进行并购。其他变量的系数方向及显著性相近或一致，说明并购绩效的回归检验具有一定的稳健性。

7.5 ———————— 本章小结 ————————

本章基于理论分析提出研究假设5：相较于理性同侪，过度自信管理者所在的收购公司获得的并购绩效较差。在此基础上加入一组公司特征的控制变量（自由现金流量、日股票收益率、负债经营率、规模、市账比率、预期收益率以及控制人类型和年份）后，通过实证研究对管理者过度自信与公司选择并购行为之间的关系进行探索分析，得出结论如下：

（1）管理者所受教育程度越高，过度自信水平越高（Graham等，2005），越会在并购中过高估计并购后产生的协同效应、低估潜在的风险（Roll，1986），导致并购的过度支付，最终使累计超额收益率较低。

（2）高管人数越多，管理者的职位危机感越强，决策时越会产生非理性的过度自信认知偏差，因此并购后的累计超额收益率较低，损害了公司价值。

（3）CEO兼任董事会主席，其集权程度较高，对公司的决策拥有绝对的决定权，过度自信程度较高，市场对过度自信管理者发起的并购公告通常是消极反应，最终导致累计超额收益率的降低。

第 8 章

研究结论与政策建议

本章根据理论分析和实证检验的结果总结归纳本书的主要研究结论。同时，依据研究结论提出改善公司管理者决策中的非理性倾向，优化管理者并购行为，降低资本成本，提高资本利用效率的政策建议，最后在分析本书研究不足的基础上指出未来研究的方向。

8.1　　　　　　　　　　　研究结论

本书在既有研究的基础上，通过规范研究与实证研究相结合的方法，重点解决了以下问题：管理者过度自信如何界定与度量？管理者过度自信分别对并购的选择、并购的特征以及并购的绩效如何影响？

（1）在对管理者过度自信是否会影响并购行为的发生的研究中，基于我国 2004—2012 年上市公司并购的基本数据，共获得 8 623 家样本公司，通过大样本的检验分析，验证了有过并购经验的管理者更倾向于选择并购行为；在对我国上市公司的研究中发现，年龄较轻的管理者与女性管理者可能过度自信水平更高，从而更倾向于从事并购活动。从而在一定程度上验证了中国上市公司的管理者存在过度自信认知偏差，且管理者的过度自信与企业的并购行为选择呈正相关关系。

（2）在对管理者过度自信是否会影响并购频率的发生的研究中，基于我国2004—2012年上市公司并购的基本数据，共获得3 383次并购交易，研究发现，较年轻的管理者在职业生涯中会较年长的管理者表现出更高程度的过度自信，从而更倾向于高频率地投资并购项目；高管的相对薪酬比例越高，越倾向于过度自信，从而高频率地实施并购。从而验证了相较于理性管理者，中国上市公司的过度自信管理者更可能促使高频率的并购发生。

（3）在对过度自信管理者影响并购中对价方式的选择的研究中，从2004—2012年发起的并购事件的A股主板上市公司的数据库中提取22 281次并购交易，发现管理者受教育程度越高，越容易表现出更高程度的过度自信，越会去选择非股权对价方式；管理者潜在的竞争者越多，其越过度自信，越不会选择股权对价，说明管理者的过度自信影响着企业并购的对价方式，管理者过度自信程度越高，在收购中越倾向于采用非股权对价完成并购。

（4）在对过度自信管理者与并购溢价间的关系的研究中，从2004—2012年发起的并购事件的A股主板上市公司的数据库中提取1 558次并购交易，发现在并购的支付过程中，由于管理者的过度自信，产生未来并购协同效应的过高估计、潜在风险的过低估计，从而导致过高的并购溢价程度。我国上市公司中的女性管理者与较高教育程度的管理者都表现得更过度自信，且过度自信管理者支付的溢价程度较之理性同侪更高。同时，国有控股企业的管理者存在过度自信认知偏差，且管理者的过度自信与并购溢价程度呈正相关关系。

（5）在对管理者过度自信对并购绩效的影响的研究中，从2004—2012年发起的并购事件的A股主板上市公司的数据库中提取5 317次并购交易，发现管理者的受教育程度越高，与之竞争职位的人越多，在管理者两职合一的情况下，存在过度自信程度增高，因此并购绩效显著不如理性的同侪。

8.2 ———————————— **政策建议** ————————————

本书通过对管理者如何影响并购过程的规范与经验研究发现，公司财务决策的收益与风险的判断偏差可能是由于管理者的过度自信认知偏差所导致的。过度自信的管理者由于过高估计自己所在公司的价值，认为市场低估了公司的价值，从而导致管理者在选择并购活动时表现出非理性行为倾向，给公司股东的价值造成损害。中国企业尚在快速发展的黄金时期，但是企业在逐渐走向成熟的过程中，不可避免地出现管理者由于自我膨胀、过度自信，在公司财务决策中做出了非理性的行为，导致企业陷入财务困境，或是出现由盛渐衰，甚至走向灭亡的结局。本书通过实证研究，结合我国的现实情况，从公司层面提出以下建议，希望可以有助于公司管理者理性减少过度自信非理性行为所带来的负面效应，帮助公司更好地经营管理，实现公司价值的增加。

（1）完善公司治理的传统理念，认清管理者的过度自信认知偏差产生的原因，在公司两权分离的情况下，提高对"利他"的非理性管理者的认识，充分了解管理者决策的发起动机，从而更好地制约"利己"管理者的机会主义行为，减轻过度自信管理者的非理性行为，降低管理者的决策失败的概率，提高公司股东价值。

（2）完善绩效考核和激励机制。在竞争激烈的商业环境中，正是由于存在着过度自信倾向，管理者敢于冒险、勇于创新，他们才会获得更多展示并且运用自己的能力与才华的机会，并且获得更多的晋升机会。而也正是由于存在过度自信，管理者会将所获得的成就归功于自己的能力与知识，而忽视了外在的因素与机遇，从而导致过度自信心理愈发地膨胀。因此，公司应有效、客观地了解管理者的个人倾向，以便在工作中合理地对管理者进行监管；在对绩效进行考核时，应采用更科学与合理的衡量标准对管理者的绩效与贡献进行考量，有助于管理者更好地用自己的才华为企业做出能够创造价值的较为理性的决策。

（3）强化管理者的学习观念，帮助他们正确认知自身知识和能力的不足。理性的管理者可能会从过去的成功中变得过度自信，然而过度自信的管理者也可能会通过既往的失败经历学会谨慎行事。所以，管理者应该多从过去的经历中进行理性的思考，胜不骄败不馁，公司则要鼓励管理者积极地进行工作总结，组织公司内部的学习与讨论，以此帮助管理者不断地纠正自己的非理性行为，不断提升自己的知识、能力与经验。

（4）倡导敬畏美德之情，帮助管理者直面自身弱点并及时自我反省。在社会心理学的传统定义中，自我是指自我认知，同时更宽泛的定义是："一个完整的自我包括身体、社会属性（包括角色和关系）、个性、人的自我概念。"自我可以促进决策与行动。真正的管理者表现为在个人的持续成长过程中，努力地按照真实自我的方式将两个方面进行整合：自我认知与自律。但通常行为与真实自我是没有关联的，因此人会感觉空虚、缺乏意义以及发展为人格分裂。那些发展为"假想人格"的人在与他人交往和建立有意义的关系上存在问题。基于此观点，过度自信的管理者会惧怕自我反省与暴露自己的弱点。因此他们会避免看到自己的内心，努力地塑造自己在外部世界的形象。而该形象不是真实的自我，而是满足个人炫耀的需求。与只是自我崇拜的管理者相比，狂妄自大的管理者会将自己的"浮夸工程"进行到底，他们对反对者以及法律的惩罚毫无畏惧。

《论语》中提到三个敬畏"畏天命、畏大人、畏圣人之言"。孔子引导我们要对一些事或一些人心存敬畏与尊重，个人价值与社会秩序的和谐皆基于以上的三个"敬畏"。儒家把"仁"与"义""礼""智""信"合在一起，称为"五常"。仁，指在与另一个人相处时，能做到融洽和谐。义，指公正、合理而应当做的，遵循正义的生活道路。礼，指维系社会的准则和道德规范。智，即智慧，能够在明辨是非的基础上趋利避害的判断力。信，指对遵行承诺的高度尊重。儒家的敬畏美德形成日常的伦理道德，将敬畏之情根植在人的内心，并且与自我认知、个人诚信相联系，从而确定整个伦理道德体系。本书倡导让美德去感染过度自信的管理者，用它作为管理者行为的检验标准可以预防过度自信的行为。更确切地说，崇敬美德所强调的与他人、与世界的关系可以限制过度自信认知偏差倾向滋长的风险。

本书所探讨的管理者过度自信的非理性认知偏差对企业低效率的并购决策的影响方面做出了一定的探讨，得到了一些有益的结论。但是，在研究过程中仍存在着一些不足：

（1）本书只对管理者过度自信与企业的并购行为（并购选择、并购特征）以及并购的经济后果进行了系统性的研究，却没有对企业的其他非效率投资行为进行阐述，譬如，投资不足、多元化投资等；尚未对管理者过度自信对企业并购行为中的融资活动、企业资本结构的选择等进行深入的研究与分析；并且，本书只是关注行为心理学范畴的管理者过度自信对非效率投资——并购的影响，而关于其他的与经济活动相关的非理性认知偏差，例如锚定效应、典型性启发、禀赋效应等未有涉及。以上的遗憾有待于作者加深理论功底，提高实证技能，在以后的研究中搜寻可支持的数据，采用创新的方法，从理论与经验数据两个层面进行探索。

（2）本书的研究只选用了定性和定量研究方法，由于我国上市公司数据的可获得性限制，过度自信替代变量的度量指标还有待于进一步地改进；对于并购行为的研究方法与变量选择仍需通过日后的不断学习得以拓展与深入；此外，可以探寻采用实验经济学的方法以及调查问卷的研究方法对公司财务学的问题进行研究与探讨。

主要参考文献

一、普通图书

[1] 贝克尔．人类行为的经济分析[M]．王业宇,陈琪,译．上海:上海三联书店出版社, 2002.

[2] 黄莲琴．CEO过度自信与公司融资行为研究[M]．北京:中国财政经济出版社,2010.

[3] 卡尼曼,斯洛维奇,特沃斯基．不确定状况下的判断:启发式和偏差[M]．方文,译．北京:中国人民大学出版社,2013.

[4] 凯莫勒．行为博弈:对策略互动的实验研究[M]．贺京同,韩梅,那艺,等,译．北京:中国人民大学出版社,2006.

[5] 李占雷．行为公司金融理论与实证[M]．北京:中国经济出版社,2010.

[6] 罗伯茨．并购之王:投行老狐狸深度披露企业并购内幕[M]．唐京燕,秦丹萍,译．北京:机械工业出版社,2014.

[7] 高德伯格．行为金融[M]．赵英军,译．北京:中国人民大学出版社,2004.

[8] 索罗斯．金融炼金术[M]．孙忠,译．海南:海南出版社,2016.

[9] 史莱佛．并非有效的市场——行为金融学导论[M]．赵英军,译．北京:中国人民大学出版社,2015.

[10] 舍夫林．超越恐惧和贪婪——行为金融学与投资心理诠释[M]．贺学会,译．上海:上海财经大学出版社,2005.

[11] 舍夫林．行为公司金融——创造价值的决策[M]．郑晓蕾,译．北京:中国人民大学出版社,2007.

[12] 泰勒．赢者诅咒——经济生活中的悖论与反常现象[M]．陈宇峰,曲亮,等,译．中国人民大学出版社,2013.

［13］ 特维德. 金融心理学——掌握市场波动的真谛［M］. 周为群,译. 北京:中国人民大学出版社,2003.

［14］ 希勒. 市场波动［M］. 文忠桥,卞东,译. 北京:中国人民大学出版社,2014.

［15］ NOFSINGER J. The psychology of investing［M］. Upper Saddle River, NJ: Pearson Prentice Hall,2005.

［16］ SHEFRIN H. Behavioral corporate finance［M］. New York: McGraw-Hill, 2006.

二、论文集、会议录

［1］ 中国管理学年会. 第4届中国管理学年会——金融分会场论文集［C］. 北京:［出版者不详］,2009.

［2］ 巫和懋,张晓明. 中国上市公司收购方损益之探究［C］. 北京:［出版者不详］, 2009.

［3］ 中国公司治理国际研讨会. 第7届公司治理国际研讨会论文集［C］. 天津:［出版者不详］,2013.

［4］ SIMON, GERVAIS, TERRANCE, et al. The positive role of overconfidence and optimism in investment policy［D］. University of Pennsylvania, 2002.

163

三、期刊中析出的文献

［1］ 陈其安,刘星. 基于过度自信和外部监督的团队合作均衡研究［J］. 管理科学学报,2005(6):60-68.

［2］ 陈仕华,卢昌崇. 企业间高管联结与并购溢价决策——基于组织间模仿理论的实证研究［J］. 管理世界,2013(5):144-156.

［3］ 杜兴强,聂志萍. 中国上市公司并购的短期财富效应实证研究［J］. 证券市场导报,2007(1):29-38.

［4］ 傅强,方文俊. 管理者过度自信与并购决策的实证研究［J］. 商业经济与管理, 2008(4):76-80.

［5］ 郝颖,刘星,林朝南. 我国上市公司高管人员过度自信与投资决策的实证研究［J］. 中国管理科学,2005(5):143-148.

［6］ 胡国柳,曹丰. 高管过度自信程度、自由现金流与过度投资［J］. 预测,2013(6):29-34.

［7］ 姜付秀,张敏,陆正飞,等. CEO过度自信、企业扩张与财务困境［J］. 经济研究, 2009(1):131-143.

［8］ 江伟. 管理者过度自信、融资偏好与公司投资［J］. 财贸研究,2010(1):

130-138.

[9] 雷辉,吴婵. 董事会治理、管理者过度自信与企业并购决策[J]. 北京理工大学报,2010(4):43-47.

[10] 李善民,陈文婷. 企业并购决策中管理者过度自信的实证研究[J]. 中山大学学报:社会科学版,2010(5):192-201.

[11] 李善民,李珩. 中国上市公司资产重组绩效研究[J]. 管理世界,2003(11):126-134.

[12] 李善民,朱滔. 管理者动机与并购绩效关系研究[J]. 经济管理,2005(4):4-12.

[13] 李艳萍,孙红,张银. 高管报酬激励、战略并购重组与公司绩效——来自中国A股上市公司的实证[J]. 管理世界,2008(12):177-179.

[14] 李延喜,郑春艳,王阳,等. 上市公司控制权溢价水平及影响因素研究[J]. 管理评论,2007(1):34-40.

[15] 刘淑莲. 上市公司并购重组演变与理论研究展望[J]. 会计师,2010(4):4-6.

[16] 刘淑莲. 并购对价与融资方式选择:控制权转移与风险承担——基于吉利并购沃尔沃的案例分析[J]. 投资研究,2011(7):130-140.

[17] 刘淑莲,杨超,李井林. 并购动因、特征与管理者薪酬间的因果关系——实证文献的综述[J]. 经济问题探索,2013(10):185-190.

[18] 刘峰,向凯. 公司并购何以成为打劫上市公司的手段?市场角度分析[J]. 中国会计评论,2009(3):67-86.

[19] 潘红波,夏新平,余明桂. 政府干预、政治关联与地方国有企业并购[J]. 经济研究,2008(4):41-52.

[20] 饶育蕾,王建新. CEO过度自信、董事会结构与公司业绩的实证研究[J]. 管理科学,2010(5):2-13.

[21] 饶育蕾,贾文静. 影响CEO过度自信的因素分析——来自我国上市公司的经验证据[J]. 管理学报,2011(8):1162-1167.

[22] 史永东,朱广印. 管理者过度自信与企业并购行为的实证研究[J]. 金融评论,2010(2):38,73-82.

[23] 宋建波,沈皓. 管理者代理动机与扩张式并购绩效的实证研究[J]. 财经问题研究,2007(2):67-74.

[24] 苏文兵,李心合,李运. 公司控制权、信息不对称与并购支付方式[J]. 财经论丛,2009(5):67-73.

[25] 唐宗明,蒋位. 中国上市公司大股东侵害度实证分析[J]. 经济研究,2002(4):44-50.

[26] 吴超鹏,吴世农,郑方镳. 管理者行为与连续并购绩效的理论和实证研究[J].

管理世界,2008(7):126-134.

[27] 王霞,张敏,于富生. 管理者过度自信与企业投资行为异化——来自我国证券市场的经验证据[J]. 南开管理评论,2008(2):77-83.

[28] 肖峰雷,李延喜,栾庆伟. 管理者过度自信与公司财务决策研究述评[J]. 当代经济管理,2011(1):19-23.

[29] 谢海东. 基于过度自信理论的公司购并行为分析[J]. 现代财经,2006(10):37-40.

[30] 谢玲红,刘善存,邱菀华. 管理者过度自信对并购绩效的影响——基于群体决策视角的分析和实证[J]. 数理统计与管理,2012(1):122-133.

[31] 杨超,李井林. CEO热衷于并购的动因——基于世界并购浪潮的启示[J]. 管理观察,2013(12):129,133.

[32] 杨超,刘淑莲,李宏伟,等. 上市公司并购动因的比较分析[J]. 中国管理信息化,2013(10):2-3.

[33] 杨继东,刘诚. 高管权威影响公司绩效波动吗[J]. 经济理论与经济管理,2013(8):72-83.

[34] 杨青. 证券市场个人投资者过度自信实证研究[J]. 西北大学学报:哲学社会科学版,2007(2):66-70.

[35] 叶蓓,袁建国. 企业投资的行为公司财务研究综述[J]. 会计研究,2007(12):76-80.

[36] 叶玲,王亚星. 管理者过度自信、企业投资与企业绩效——基于我国A股上市公司的实证检验[J]. 山西财经大学学报,2013(1):116-124.

[37] 余明桂,夏新平,邹振松. 管理者过度自信与企业激进负债行为[J]. 管理世界,2006(8):104-112.

[38] 翟爱梅,张晓娇. 管理者过度自信与企业并购决策及企业绩效之关系[J]. 管理理论与实践,2012(10):102-114.

[39] 张新. 并购重组是否创造价值?——中国证券市场的理论与实证研究[J]. 经济研究,2003(6):20-29.

[40] 朱盈盈,曾勇,李平,等. 中资银行引进境外战略并购者:背景、争论及评述[J]. 管理世界,2008(1):22-37,56.

[41] AGRAWAL A, KNOEBER C R. Firm performance and mechanisms to control agency problems between managers and shareholders[J]. Journal of Financial and Quantitative Analysis, 1996, 31(3): 377-397.

[42] AGRAWAL A, JAFFE J. The Post-merger performance puzzle, advances in mergers and acquisitions[J]. Elsevier, Amsterdam, Netherlands, 2000(11):7-41.

165

[43] AKERLOF G. The market for lemons: quality uncertainty and the market mechanism[J]. Quarter Journal of Economics, 1970(89): 488-500.

[44] AMIHUD Y, LEV B. Does corporate ownership structure affect its strategy towards diversification? [J]. Strategic Management Journal, 1999(20): 1063 - 1069.

[45] AMIHUD Y, LEV B. Risk reduction as a managerial motive for conglomerate mergers[J]. Bell Journal of Economics, 1981(12):605 - 617.

[46] ANDRADE G, MITCHELL M, STAFFORD E. New evidence and perspectives on mergers[J]. Journal of Economic Perspectives, 2001(15): 103 - 121.

[47] AKTAS N E, DE BOOT E, ROLL R. Learning, hubris and corporate serial acquisitions[J]. Journal of Corporate Finance, 2009(15): 543-561.

[48] AVERY C, CHEVALIER JA, SCHAEFER S. Why do managers undertake acquisitions? An analysis of internal and external rewards for acquisitiveness [J]. Journal of Law, Economics and Organization, 1998(14): 24 - 43.

[49] BARCLAY M J, HOLDERNESS C G. Private benefits from control of public corporations[J]. Journal of Financial Economics, 1991(25): 371-395.

[50] BARRY R, OLIVER. The impact of management confidence on capital structure[J]. Australian National University,2005.

[51] BEBCHUK L A, FRIED J. Pay without performance: the unfulfilled promise of executive compensation [J]. Cambridge, MA: Harvard University Press, 2004.

[52] BEYER S. Gender differences in the accuracy of self-evaluations of performance[J]. Journal of Personality and Social Psychology, 1990(59): 960-970.

[53] BILLETTA M T, YIMING Q. Are overconfident managers born or made? Evidence of self-attribution bias from frequent acquirers[J]. Management Science, 2008(54): 1037-1051.

[54] BILLETT M, RYNGAERT M. Capital structure, asset structure and equity takeover premiums in cash tender offers [J]. Journal of Corporate Finance, 1997(3): 141-165.

[55] BLISS R T, ROSEN R J. CEO compensation and bank mergers[J]. Journal of Financial Economics, 2001(61): 107 - 138.

[56] BOGLE J C. Reflections on CEO compensation[J]. Academy of Management Perspectives,2008(22):21 - 25.

[57] BONNER S. Judgment and decision making in accounting[J]. Upper Saddle River, NJ: Prentice-Hall, 2008.

[58] BRADLEY M, DESAI A, KIM E H. The rationale behind interfirm tender offers: information or synergy[J]. Journal of Financial Economics, 1983 (11): 183-206.

[59] CAMPA J M. Corporate restructuring and M&A activity[J]. CES Forum, 2006(7):17-21.

[60] COAKLEY J, ILIOPOULOU S. Bidder CEO and other executive compensation in UK M&As [J]. European Financial Management, 2006(12): 609-631.

[61] DOUKAS J A, PETMEZAS D. Acquisitions, overconfident managers and self-attribution bias[J]. European Financial Management, 2007(13): 531-577.

[62] FISCHHOFF B, SLOVIC P, LICHTENSTEIN S. Knowing with certainty: the appropriateness of extreme confidence[J]. Journal of Experimental Psychology, 1977(3):552-564.

[63] FORBES D P. Are some entrepreneurs more overconfident than others?[J]. Journal of Business Venturing, 2005(20): 623-640.

[64] FRASER S, GREENE F J. The effects of experience on entrepreneurial optimism and uncertainty[J]. Economica, 2006(73): 169-192.

[65] GERVAIS O. Learning to be overconfident[J]. Review of Financial Studies,2000(14): 1-27.

[66] GRINSTEIN, YANIV, PAUL H. CEO Compensation and incentives: evidence from M&A bonuses[J]. Journal of Financial Economics, 2004(73): 119-143.

[67] HARFORD J. Corporate cash reserves and acquisitions [J]. The Journal of Finance, 2000(54): 1969-1997.

[68] HAUNSCHILD P R. Interorganizational imitation: the impact of interlocks on corporate acquisition activity [J]. Administrative Science Quarterly, 1993(38): 564-592.

[69] HAUNSCHILD P R, MINER A S. Modes of interorganizational imitations: the effects of outcome salience and uncertainty[J]. Administrative Science Quarterly, 1997(42): 472-500.

[70] HAYWARD M, HAMBRICK D. Explaining the premiums paid for large acquisitions: evidence of CEO hubris[J]. Administrative Science Quarterly,

1997(42): 103-127.

[71] HEATH C, TVERSKY A. Reference and belief: ambiguity and competence in choice under uncertainty[J]. Journal of Risk and Uncertainty, 1991(4): 5-28.

[72] HEATON J. Managerial optimism and corporate finance[J]. Financial Management, 2002(31): 33-45.

[73] HUDSON R, GONZALEZMARISCAL G, BEYER C, et al. Marking behavior, sexual receptivity, and pheromone emission in steroid D-treated, ovariectomized rabbits [J]. Hormones and Behavior, 1990(24): 1-13.

[74] JENSEN M C, MECKLING W H. Theory of the firm: managerial behavior, agency costs and ownership structure[J]. Journal of Financial Economics, 1976(3): 305-360.

[75] JENSEN M. Agency costs of free cash flow, corporate and takeovers[J]. American Economic Review, 1986(76): 323-329.

[76] JIANAKOPLOS N, BERNASEK A. Are women more risk averse? [J]. Economic Inquiry, 1998(36): 620 - 630.

[77] JOHNSON J, POWELL P. Decision making, risk and gender: are managers different?[J]. British Journal of Management, 1994(5): 123 - 138.

[78] KAHNEMAN D, LOVALLO D. Timid choices and bold forecasts: a cognitive perspective on risk taking[J]. Management Science, 1993(39): 17-31.

[79] KAPLAN S, ZINGALES L. Do investment-cashflow sensitivities provide useful measures of financing constraints?[J]. Journal of Economics, 1997 (112): 169-215.

[80] KATO T K, LONG C X. Executive compensation, firm performance, and corporate governance in China: evidence from firms listed in the Shanghai and Shenzhen stock exchanges[J]. Economic Development and Cultural Change, 2006(54): 945-983.

[81] KIM J, HALEBLIAN J, FINKELSTEIN S. When firms are desperate to grow via acquisition[J]. Administrative Science Quarterly, 2011(56): 26-60.

[82] KIRCHLER E, MACIEJOVSKY B. Simultaneous over and under confidence: evidence from experimental asset markets[J]. Journal of Risk and Uncertainty, 2002(25): 65-85.

[83] LANDIER A, THESMAR D. Financial contracting with optimistic entrepreneurs[J]. Review of Financial Studies, 2009(22): 117-150.

[84] LANGER E. The illusion of control[J]. Journal of Personality and Social

Psychology,1975(32): 311-328.

[85] LANGER E J, ROTH J. Heads i win, tails it's chance: the illusion of control as a function of the sequence of outcomes in a purely chance task[J]. Journal of Personality and Social Psychology, 1975(32): 951-955.

[86] LARWOOD L, WHITTAKER W. Managerial myopia: self-serving biases in organizational planning[J]. Journal of Applied Psychology, 1977(62): 194-198.

[87] LEVIN I, SNYDER M, CHAPMAN D. The interaction of experimental and situational factors and gender in a simulated risky decision-making task[J]. Journal of Psychology, 1988(122): 173-181.

[88] LICHTENSTEIN S, FISCHHOFF B, PHILLIPS L D. Calibration of probabilities: state of the art to1980[J]. Cambridge University Press, Cambridge, 1982.

[89] LIN Y, HU S, CHEN M. Managerial optimism and corporate investment: some empirical evidence from Taiwan[J]. Pacific-Basin Finance Journal, 2005(13): 523-546.

[90] LUNDEBERG M A, FOX P W, PUNCOCHAR J. Hihgly confident , but wrong-gender differences and similarities in confidence judgments[J]. Journal of Educational Psychology, 1994(86): 114-121.

[91] MALMENDIER U, TATE G. CEO overconfidence and corporate investment [J]. Journal of Finance, 2005(6): 2661-2700.

[92] MAIMENDIER U, TATE G. Who makes acquisitions? CEO overconfidence and the market's reaction[J]. Journal of Financial Economics,2008(89): 20-43.

[93] MALMENDIER U, TATE G, YAN J. Overconfidence and early-life experiences: the effect of managerial traits on corporate financial policies [J]. Journal of Finance, 2011(5): 1687-1733.

[94] MARRIS R. A model of the managerial enterprises[J]. Quarterly Journal of Economics, 1963(77): 185-209.

[95] MARTIN A D, NISHIKAWA T, WILLIAMS M A. CEO gender: effects on valuation and risk[J]. Quarterly Journal of Finance and Accounting, 2009 (48): 23-40.

[96] MERROW E, PHILLIPS K, MYERS C. Understanding cost growth and performance shortfalls in pioneer process plants[J]. Santa Monica:Rand,1981.

[97] MODIGLIANI F, MERTON, MILLER. The cost of capital, corporation finance

and the theory of investment[J]. Economic Review, 1958(48): 261-275.

[98] MODIGLIANI, FRANCO, MERTON, et al. Corporate income tax and the cost of capital: a correction[J]. American Economic Review, 1963(53): 433-443.

[99] MOELLER, SARA B, FREDERIK P S, etd. Firm size and the gains from acquisitions[J]. Journal of Financial Economics, 2004(73): 1-58.

[100] MORCK R, SHLEIFER A, VISHNY R W. Management ownership and market valuation: an empirical analysis[J]. Journal of Financial Economics, 1988(20): 293-315.

[101] MUELLER D. The effect of conglomerate mergers: a survey of the empirical evidence[J]. Journal of Banking and Finance, 1997(1): 315-347.

[102] MYERS S C, MAJLUF N. Corporate financing and investment decisions when firms have information investors do not have[J]. Journal of Financial Economics, 1984(13): 187-221.

[103] NARAYANAN M. Managerial incentives for short-term results[J]. Journal of Finance, 1985(40): 1469-1484.

[104] ODEAN T. Are investors reluctant to realize their losses? [J]. Journal of Finance, 1998(53): 1775-1798.

[105] RICHARDSON S. Over-investment of free cash flow[J]. Review of Accounting Studies, 2006(11): 159-189.

[106] ROLL R. The hubris hypothesis of corporate takeovers[J]. Journal of Business, 1986, 59 (2Part 1): 197-216.

[107] SCHIPPER K, Thompson R. The impact of merger-related regulations on the shareholders of acquiring firms[J]. Journal of Accounting Research, 1983(21): 184-221.

[108] SCHUBERT R. Analyzing and managing risks-on the importance of gender difference in risk attitudes[J]. Managerial Finance, 2006(32): 706 - 715.

[109] TICHY. What do we know about success and failure of merger?[J]. Competition and Trade, 2001, 1(4): 347-394.

[110] CAMPBELL T C, GALLMEYER M, SHANE A, et al. CEO optimism and forced turnover[J]. Journal of Financial Economics, 2011(101): 695-712.

[111] OPLER, PINKOWITZ, STULZ, et al. The determinants and implications of corporate cash holdings[J]. Journal of Financial Economics, 1999(52): 3-46.

[112] TITMAN S. The effect of capital structure on a firm's liquidation decision[J]. Journal of Financial Economics, 1984(13): 137-151.

[113] TITMAN S, WESSELS R. The determinants of captical structure choice[J]. Journal of Finance, 1988(43): 1-19.

[114] TONG G, GREEN C J. Peeking order or trade-off hypothesis[J]. Applied Eeonomics, 2005(37): 2179-2189.

[115] WAN Z, LRIED G. Capital structure decisions and output market competition under demand uncertainty[J]. International Journal of Industrial Organization, 2003(21): 171-200.

[116] WEINER B, KULKA A. An attributional analysis of achievement motivation [J]. Journal of Personality and Social Psychology, 1970(15): 1-20.

[117] WEINSTEIN N D. Unrealistic optimism about future life events[J]. Journal of Personality and Social Psychology, 1980(5): 806-820.

[118] WELCH I. Capital structure and stock returns[J]. Journal of Political Economy, 2004(112): 106-131.

[119] WIGGINS J B. The relation between risk and optimal debt maturity and the value of leverage[J]. Journal of Financial and Quantitative Analysis, 1990 (25): 377-386.

[120] WILLIAM, Gebhardt, Charles M C, et al. Toward an implied cost of capital [J]. Journal of Accounting Research, 2003(39): 135-176.

[121] WILLIAMSON O. Cooprate finance and cooperate governance[J]. Journal of Finance, 1988(43): 487-511.

[122] WEINSTEIN, NEIL. Unrealistic optimism about future life events[J]. Journal of Personality and Social Psychology, 1980(39): 806-820.

[123] YERMACK D. Do corporations award CEO stock options effectively? [J]. Journal of Financial Economics, 1995(39): 237-69.

四、其他

[1]   AKTAS N, DE BODT E, BOLLAERT H, et al. CEO narcissism and the takeover process: from private initiation to deal completion[R]. SSRN Working Paper, 2011.

[2]   LANDIER A, THESMAR D. Financial contracting with optimistic entrepreneurs: theory and evidence[R]. Working Paper, 2004.

[3]   LIU Y, RICHARD T. CEO overconfidence in M&A decision making and tis impact on firm performance[R]. Working Paper, University of Edinburgh, 2008.

[4]　SHEFRIN H. Do Investors expect higher returns from safer stocks than from riskier stocks[R]. NBER Working Paper,2000.

[5]　SHILLER R J. Measuring bubble expectations and investor confidence[R]. NBER Working Paper,1999.

[6]　TROY P. Too much pay, too much deference: is CEO overconfidence the product of corporate governance[R]. SSRN Working Paper,2004.

索引

后记

本书写作中的一点一滴浸润的都是我的导师刘淑莲教授醍醐灌顶的教导、温暖的鼓励、宽容的态度以及深沉的关爱。导师不嫌学生愚钝，倾心倾力地传授我应该具备的理论，耐心地培养着我的实践能力和学术科研能力，且鼓励我去探索新的知识领域。我要感谢恩师！感谢您给予了我一颗自由的心，让我能够在学术之路上苦苦探寻之时，没有忽视用心感受其过程中的难忘点滴；让我能够在自己的节奏中慢慢地寻到做研究的一点皮毛；让我能够去尽到作为子女与母亲的责任；让我能够感受到人与人之间的美好情感。感谢恩师，正是您的严谨的治学态度与渊博的学识，使我的写作减少了"错路"与"弯路"的困扰；正是您的包容与达观，让我感受着如同阳光一般的正能量。每当写作进入瓶颈，感觉到困顿之时，恩师的教导与鼓励便会萦绕脑海，帮助我坚定信念、克服困难，走出暂遇的困境。人生之幸事之一莫过于遇到位好老师，而我却是如此的幸运。"性行淑均，莲心育人"，师恩永铭于心，学生唯有孜孜不倦地勤学律己，感激师恩。

感谢张先治老师、王满老师、池国华老师、刘凌冰老师对本书研究结构和内容提出的宝贵意见！

感谢我的同门师亲，是你们让我再一次喜悦地感受到了大家庭的温情。感谢张广宝师兄及其爱人施继坤博士，你们俩严

后 记

谨认真的治学精神、宁静淡泊的处世心态、与人无私的积极的热情相助，都让我不禁产生敬佩之情，并且激励着我的所思所行。谢谢广宝师兄对我论文的无私帮助，每次的请教都会得到广宝师兄细致、令人受用的点拨，让我的写作大大节省了时间；谢谢周雪峰博士，每次见到他总能感受到其积极向上、乐观的人生态度，雪峰博士每次都会毫无保留地给予我有关实证研究的使人受用的建议，乐于分享他的经验，鼓励并坚定我的写作信念；谢谢燕鸿姐，让我知道人应该有着坚韧的精神，也让我明白即使韶华不再留，但是乐观、积极、纯真的心态是给予自己的最宝贵的礼物；感谢芳芳、月华的陪伴，彼此的关心与帮助，是让我又能在写作上进步的动力；谢谢我的同门师弟葛思伟，谢谢你对我的关心与帮助，你是我的开心果，让我感觉心里温暖又愉快；谢谢同门李宏伟、高新宇、刘倩等师弟师妹们为我的写作提出的宝贵意见，对我的写作给予的帮助。

非常感谢我的同窗李井林博士。望贤思齐，正是有着李井林博士的陪伴与鼓励，我才会不再拖延、不再为自己寻找托词。李井林博士总会对我的写作给予使人受用的建议，给予我实证数据搜集和整理方面的莫大帮助。他的勤奋、刻苦、毫无保留的乐于奉献的精神，他对亲人、老师、朋友的责任感时时感动着我，也督促着我坚定不移地向前走。

还要感谢我的家人。母亲和父亲为了让我能够专心研究，毫无后顾之忧，不惜牺牲自己的事业，再次辛苦操劳地代我悉心抚育女儿，默默照顾我的生活，无私付出；感谢公婆对我的理解与支持。父母的大恩无以回报，只望在未来的日子里，尽我所能呵护家人健康平安，快乐幸福！特别致谢我的爱人肖宪杰先生，是你的支持、智慧与耐心，才让我能够专心治学，战胜所遭遇的困难，勇敢前进；还要感谢心里甜蜜的牵挂，就是我的两个女儿，是你们给妈妈带来的无尽的欢乐与精神力量，让我在心情低谷与困境中瞬间获得无尽的能量。

最后，感谢东北财经大学出版社在本书编辑和出版过程中的鼎力支持和帮助！

杨　超

2017 年 2 月